Cuando se trabaja con discalculia, las preguntas del profesorado y de las familias suelen ser: «¿Cómo sabemos que es eso?», «¿cuál es la diferencia entre ansiedad matemática y discalculia?» y «¿qué tenemos que hacer?». A medida que vamos descubriendo más cosas sobre cómo ayudar a los alumnos discalcúlicos a alcanzar sus objetivos, aumenta enormemente la demanda de un libro como este. El libro de Judy no es un «libro de estantería», el texto está escrito de forma fácil de leer, progresiva y práctica. Las descripciones y ampliaciones de términos y frases son excelentes, y los capítulos prácticos sobre entornos y recursos de aprendizaje pueden incorporarse perfectamente a las clases. La sección sobre páginas web y publicaciones útiles tiene un valor indiscutible, al destacar fuentes de información muy respetadas».

Gary Sharpe,
Learning challenges with numbers, Dyscalculia - Nueva Zelanda

El punto fuerte del libro sería su clara visión de la discalculia como déficit del sentido numérico, que la distingue de las dificultades matemáticas en general. El autor ofrece consejos básicos, una guía práctica y recursos actualizados a expertos, docentes y familias sobre el tratamiento de la discalculia en términos de identificación precoz, diagnóstico e intervención.

Giannis Karagiannakis,
investigador becario, Universidad de Atenas

Todo sobre la discalculia es una guía práctica y exhaustiva de gran valor para todos aquellos que trabajan con alumnos de infantil y primaria que tienen dificultades con los números. Explica a fondo el significado y las implicaciones de la discalculia en el aula, cuando quienes la padecen tienen cerebros neuroatípicos. Estamos ante una guía práctica exhaustiva en torno a los métodos multisensoriales apropiados para ayudar a los alumnos a desarrollar el «sentido numérico», es decir, el sentido común sobre las cantidades de los valores numéricos y cómo pueden realizar cálculos con comprensión. Si algo remarca este libro, es que los alumnos con dificultades pueden llegar a comprender el trabajo numérico, más allá de meramente ser «instruidos». Este libro, con amplia información, también resulta adecuado para profesionales más experimentados, con debates y abundantes referencias, para profundizar en el estudio de esta afección específica poco conocida. Lo recomiendo encarecidamente, y también revaloriza la figura de George Polya, matemático húngaro conocido como «el padre de la resolución de problemas».

Jane Emerson,
logopeda, profesora especializada en lectoescritura y aritmética, y fundadora de Emerson House. Centro de aprendizaje, Londres

La discalculia es una discapacidad del desarrollo que está presente desde los primeros años, pero puede no ser inmediatamente evidente para las familias y los educadores. ¿Cómo podemos identificar precozmente a los alumnos discalcúlicos y cómo podemos apoyarlos de una mejor manera? Este libro responde a estas preguntas candentes y a otras muchas. Los lectores no solo conocerán los hitos típicos del desarrollo matemático y las primeras señales de alarma de la discalculia, sino que también recibirán orientación práctica esencial sobre cómo proceder a partir de ahí. La obra también aborda muchos otros temas relevantes, como el mejor modo de explicar la discalculia a los progenitores y de preparar a los alumnos con dificultades para la transición a la enseñanza secundaria. Desde desmentir los mitos en torno a la discalculia hasta mejorar el vocabulario matemático de los alumnos, este libro, magníficamente documentado y perspicaz, brinda una orientación muy práctica a los educadores que desean ofrecer el mejor apoyo posible a los alumnos con dificultades.

Kinga Morsanyi,
profesora titular de Cognición Matemática, Universidad de Loughboroug

TODO SOBRE LA
DISCALCULIA

Guía práctica para
docentes de primaria

Judy Hornigold

TODO SOBRE LA
DISCALCULIA

Guía práctica para
docentes de primaria

Colección Recursos

Título: *Todo sobre la discalculia. Guía práctica para docentes de primaria*

Título original: *All About Dyscalculia: A Practical Guide for Primary Teachers* (Routledge, 2024)

Primera edición: febrero de 2025

© Judy Hornigold

© De esta edición:
 Ediciones OCTAEDRO, S.L.
 C/ Bailén, 5 - 08010 Barcelona
 Tel.: 93 246 40 02
 http: www.octaedro.com

ISBN: 978-84-1079-001-8
Depósito legal: B 2496-2025

Traducción: Xavier Torras Isla
Diseño y producción: Octaedro Editorial

Impresión: Ulzama

Impreso en España / *Printed in Spain*

Sumario

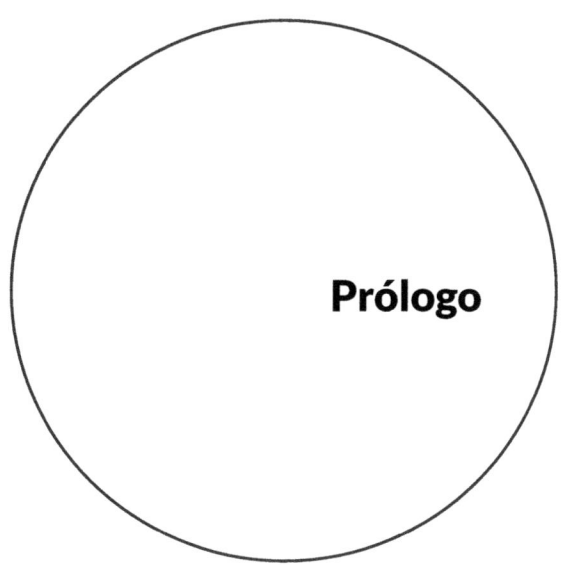

Prólogo

Todos los profesores son profesores de alumnos con necesidades educativas especiales (NEE). Los profesionales que trabajan en escuelas verdaderamente integradoras comprenden que las necesidades educativas especiales son responsabilidad de todos. Sin embargo, la situación no siempre ha sido así. Cuando comencé mi carrera docente, hace treinta años, lo habitual era que los alumnos con necesidades adicionales fueran considerados responsabilidad del coordinador de necesidades educativas especiales. Como era la persona de la escuela que «poseía» los conocimientos y la experiencia en materia de NEE, el coordinador solía ser la única fuerza que se encargaba y atendía las necesidades de este grupo concreto de alumnos.

El panorama de la educación es diferente hoy en día. El perfil de los niños y jóvenes a los que enseñamos sigue cambiando; el impacto de la pandemia de la COVID-19, por ejemplo, ha provocado que se hayan identificado más alumnos que presentan lagunas de aprendizaje o problemas de salud mental. También crece el número de alumnos con necesidades complejas escolarizados en centros ordinarios. Como profesionales, ahora somos más conscientes y comprendemos mejor algunos de los retos a los que se enfrentan nuestros alumnos y, en consecuencia, estamos más decididos a hacer todo lo posible para ayudarlos a alcanzar sus objetivos. Entendemos que este no puede ser el papel de una sola persona, el experto en NEE. Cada docente tiene que ser un profesor de NEE.

Enseñar a alumnos con NEE puede ser una de las cosas más gratificantes que se pueden hacer en el aula. Cuando uno comprueba que un alumno que lo ha dado todo para captar una nueva idea o concepto por fin consigue que se le encienda la bombilla, todavía emociona más ser consciente de todo el esfuerzo que ha invertido para conseguirlo. Al mismo tiempo, enseñar a alumnos con NEE también puede ser una de las tareas más desafiantes de la carrera docente. En una encuesta de 2019[1] realizada por el Departamento de Educación de Inglaterra, el nivel de confianza entre los profesores en cuanto al apoyo a los alumnos con NEE resultó ser muy bajo. El desarrollo profesional relevante en esta área es, en el mejor de los casos, irregular; solo el 41 % de los profesores encuestados por el Departamento de Educación consideraba que se daba suficiente formación sobre NEE a todos los profesores.

¿Cómo superar este reto? Los datos sugieren que el mejor punto de partida es una enseñanza integradora y de alta calidad. Como nos dice el informe de la Education Endowment Foundation,[2] no existe una varita mágica para enseñar a los alumnos con NEE y, en gran medida, una enseñanza buena para los que tienen NEE es una enseñanza buena para todos. Esto significa que hemos de desarrollar un repertorio de estrategias de enseñanza eficaces, como el andamiaje, la instrucción explícita y el uso de la tecnología, y luego utilizar estas estrategias con flexibilidad para adecuarse a las necesidades de los distintos individuos o grupos de alumnos.

Aunque impantar una enseñanza de alta calidad en el aula es el punto de partida, algunos alumnos necesitarán métodos de enseñanza más específicos para satisfacer sus necesidades individuales. No hay nada mejor que conocer a fondo a un niño o un joven para comprender plenamente sus puntos fuertes, sus posibles obstáculos para el aprendizaje y lo que para ellos funciona en el aula. Sin embargo, para nosotros como profesionales puede ser útil desarrollar una comprensión más general de algunas de las áreas comunes de necesidad con las que probablemente nos encontremos y contar con un repertorio de estrategias que podamos implementar en nuestra práctica diaria Aquí es donde *Todo sobra las NEE* puede ser de gran ayuda.

La serie de libros *Todo sobre las NEE* pretende ayudar a todos los profesores a ser profesores de NEE. Cada manual ha sido diseñado para per-

---

1 https://assets.publishing.service.gov.uk/government/uploads/system/uploads/attachment_data/file/1063620//SEND_review_right_support_right_place_right_time_accessible.pdf. p. 42
2 La Education Endowment Foundation (EEF) es una organización benéfica del Reino Unido creada en 2011 para mejorar el aprendizaje y el rendimiento educativo de los alumnos procedentes de los entornos más desfavorecidos. https://educationendowmentfoundation.org.uk/education-evidence/orientation-reports/send

mitir a los docentes y a otros profesionales, como el personal de apoyo, desarrollar su conocimiento y comprensión sobre cómo promover eficazmente la enseñanza y el aprendizaje de los alumnos con áreas de necesidad identificadas. Los libros proporcionan información fundamental y una serie de estrategias prácticas para apoyar a los alumnos en el aula. Redactadas por profesionales expertos, las orientaciones se basan en una amplia experiencia de primera mano, con las opiniones de niños y jóvenes con NEE y con sus familias ocupando un lugar central.

Este libro, *Todo sobre la discalculia. Guía práctica para docentes de primaria*, se centra en el apoyo a los alumnos que tienen dificultades con las matemáticas. Su autora es Judy Hornigold, asesora educativa especializada en dificultades específicas de aprendizaje. Su pasión por ayudar a los maestros y profesores a replantearse su forma de enseñar matemáticas para que todos los alumnos disfruten con ellas y lleguen a ser competentes en matemáticas es evidente a lo largo de todo el libro. La obra proporciona abundante información sobre la investigación y las teorías que subyacen a la discalculia, junto con una serie de estrategias prácticas que los profesores pueden aplicar en el aula.

Gracias por haber elegido leer este libro y por aceptar el reto de la responsabilidad: cada profesor es un profesor de NEE.

NATALIE PACKER
Asesor de NEE, director de NPEC Ltd.
@NataliePacker

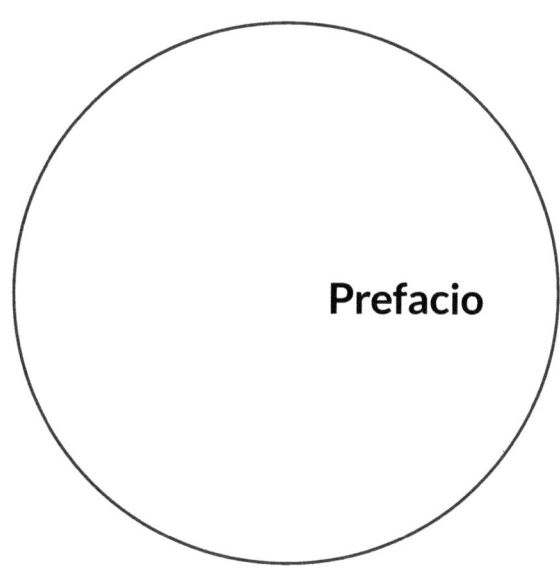

Prefacio

He tenido experiencias dispares en el aprendizaje de las matemáticas en la escuela. Había una maestra en particular a la que claramente no le gustaba enseñar matemáticas y sospecho que tampoco le gustaban demasiado los niños. Su respuesta a cualquier pregunta era: «Es de sentido común», y yo tenía la sensación de que las matemáticas eran una asignatura inaccesible que nunca sería capaz de dominar o disfrutar. Por suerte, antes de que el daño fuera irreparable, fue sustituida por la Sra. Robyn. A la Sra. Robyn le encantaban las matemáticas. Su entusiasmo por la asignatura irradiaba por todos los poros de su cuerpo y en poco tiempo yo también me enganché. Me había convertido a las matemáticas. Sus apasionantes lecciones lo cambiaron todo para mí y me inculcaron un amor por las matemáticas que duraría toda la vida. Después de todos estos años, me siguen pareciendo infinitamente fascinantes, a menudo asombrosamente bellas y siempre llenas de sorpresas. Era inevitable que acabara estudiando matemáticas en la Universidad de Nottingham, e inicié una carrera como contable. Sin embargo, aquello duró poco, ya que siempre había querido enseñar. En la escuela primaria, «enseñaba» a mis ositos de peluche y no se me ocurría nada que me gustase más que aquello. Así que, al cabo de unos años en el campo de la contabilidad, me formé como maestra de primaria y nunca volví la vista atrás. Después hice una pausa en mi carrera para tener a mis hijos y, cuando el pequeño tenía unos 6 años, descubrimos que era disléxico. Esto me llevó a reciclarme como especialista en dislexia e incluso llegué a ser profesora titular en la Universidad de Edgehill, donde trabajé en su programa de enseñanza especializada en dislexia. Entonces descubrí que había multitud de recursos para la dislexia, pero muy pocos destinados a los niños que tenían problemas con las matemáticas. En consecuencia, tuve un papel decisivo en el desarrollo del Certificado de Posgrado en Educación especializado en discalculia.[3] Seguidamente, colaboré con Steve Chinn, con quien creé en 2018 la Asociación de Discalculia y, más tarde, nuestro curso en línea de Discalculia de Nivel 5. A lo largo de los años, he visto cómo muchos profesores se han replanteado la forma en que estaban enseñando las matemáticas y hoy, afortunadamente, hay más conciencia y apoyo para los alumnos con discalculia. Con todo, aún nos queda mucho camino por recorrer, y espero que este libro contribuya a que maestros y profesores mejoren sus conocimientos y habilidades, y a mejorar, asimismo, los resultados de muchos de nuestros alumnos que tienen atravesadas las matemáticas.

---

3 PGCE, por sus siglas en inglés. Consiste en un curso de educación superior de uno o dos años que proporciona formación que habilita a los graduados para ser profesores en las escuelas públicas.

Parte I.
INTRODUCCIÓN A DISCALCULIA

1.
Introducción a la discalculia

¿Qué es la discalculia?

Parece una pregunta sencilla, pero la realidad es mucho más compleja. Todavía hay mucho que desconocemos sobre la discalculia y mucho debate en torno a su definición.

Generalmente, se considera que la discalculia es una dificultad específica del aprendizaje de las matemáticas o, más concretamente, de la aritmética. La palabra *discalculia* tiene raíces griegas y latinas y significa, literalmente, 'contar mal': el prefijo griego *dis-* significa 'mal' y la palabra de origen latino *calculare*, 'contar'.

En 2019, la Asociación Británica de Dislexia presentó su definición de discalculia, elaborada por su Comité de Discalculia:

> La discalculia es una dificultad específica y persistente para comprender la aritmética y el sentido numérico básico. También puede afectar a la recuperación de datos numéricos y procedimientos clave, al cálculo fluido y a la interpretación de la información numérica. Es de carácter diverso y se da en todas las edades y capacidades. La discalculia es una dificultad inesperada en matemáticas que no puede explicarse por factores externos.
>
> La mejor forma de considerar las dificultades matemáticas es como un *continuum, no como una categoría distinta, con la discalculia en uno de los extremos. Cabe esperar que la discalculia evolutiva se distinga de las dificultades generales con las matemáticas atendiendo a la gravedad de las dificultades con la magnitud simbólica y no simbólica, el sentido numérico y la subitización.*

Las definiciones no son fáciles de concretar y nuestro primer intento ocupaba dos caras de un folio de tamaño DIN A4. Saltaba a la vista que teníamos que hacerla más sucinta, y creo que convendría profundizar un poco más para captar mejor en qué consiste la discalculia.

¿Qué significa realmente esta definición?

Retomemos la primera frase de la definición anterior:

> La discalculia es una dificultad específica y persistente para comprender la aritmética y el sentido numérico básico.

La discalculia constituye una diferencia específica de aprendizaje. En pocas palabras, los cerebros de las personas con discalculia están conectados de forma distinta. Es un ejemplo, entre tantos, de las muchas neurodiversidades que existen en la población humana.

Se asocia, principalmente, a una falta de comprensión de nuestro sistema numérico y de las cuatro operaciones: suma, resta, multiplicación y división.

La definición también alude al sentido numérico, que va más allá de una comprensión básica de nuestro sistema numérico y de las cuatro operaciones. Las personas con un buen sentido numérico no solo comprenden el efecto de las cuatro operaciones matemáticas, sino que también son flexibles en su aproximación a los números. Son capaces de estimar una respuesta y se dan cuenta de cualquier respuesta que no sea razonable a partir de dicha estimación. Un buen sentido numérico también implica la capacidad para comparar números y apreciar distintos niveles de magnitud; por ejemplo, saber que 1000 millones es sustancialmente mayor que 1 millón.

Otros ejemplos de buen sentido numérico son:

- Comprender conceptos como *más o menos*.
- *Comprender nuestro sistema de valor posicional: base 10.*
- *Hacer corresponder el símbolo numérico con la cantidad numérica. En otras palabras, tener una imagen mental de cinco objetos cuando se les presenta el símbolo 5.*
- *Ser capaz de redondear con un grado de precisión adecuado.*
- *Ser capaz de encontrar conexiones; por ejemplo, si 5 + 6 = 11, entonces 11 − 5 = 6 y 50 + 60 = 110.*

- Encontrar formas eficaces de trabajar; por ejemplo, al calcular 6000 × 0,25, utilizar el método de dividir 6000 por la mitad y volver a dividir por la mitad para obtener 1500, en lugar de hacer una multiplicación larga.

El profesor Mahesh Sharma afirma que:

> El sentido numérico es el uso flexible de las relaciones numéricas y la comprensión de la información numérica en diversos contextos. Los alumnos con un buen sentido numérico pueden representar y utilizar un número de múltiples maneras dependiendo del contexto y del propósito. En los cálculos y las operaciones, pueden descomponer y recomponer números con facilidad y fluidez.

Los alumnos con un buen sentido numérico acceden a una versión mucho más sencilla de las matemáticas, pueden aplicar estrategias eficientes, elegantes y eficaces, como dividir por la mitad y volver a dividir por la mitad para hallar un cuarto, en lugar de multiplicar por 0,25. En cambio, los alumnos con un sentido numérico pobre trabajan en un nivel muy procedimental, aplicando algoritmos prolijos cuando hay formas más sencillas y relacionales de abordar las matemáticas. No solo les cuestan más las matemáticas, sino que están siguiendo una versión mucho más difícil de la asignatura.

Sigamos con el análisis de la definición de *discalculia*:

> También puede afectar a la recuperación de datos numéricos y procedimientos clave, al cálculo fluido y a la interpretación de la información numérica.

A las personas con discalculia les resulta muy difícil recordar datos numéricos básicos, ya que no han atribuido ningún significado numérico a los símbolos numéricos.

Por ejemplo, cuando piensan en 6 × 7, no visualizan seis grupos de siete ni utilizan su conocimiento de 6 × 6 para calcular 6 × 7. Para una persona con discalculia, que no ha asociado la magnitud numérica a un símbolo numérico, la tarea se asemeja a aprender que A × Y = P o que B × M = J. Si se han de recordar 100 combinaciones de estas letras sin saber què representan, es fácil darse cuenta de lo exigente que es la tarea.

El cálculo fluido se refiere a nuestra capacidad para ver el cálculo y utilizar nuestro sentido numérico para simplificarlo, o, incluso, para hacerlo mentalmente.

Por ejemplo, 39 + 40 + 41 podría considerarse como 3 × 40, en lugar de como una suma de columnas. Si sabemos que 3 × 4 = 12, podemos deducir que 3 × 40 debe ser 120.

Es de carácter diverso y se da en todas las edades y capacidades.

No hay dos personas discalcúlicas que lo manifiesten de forma idéntica, y es muy común que los individuos discalcúlicos tengan diferencias de aprendizaje concurrentes, como la dislexia o la dispraxia. Algunos alumnos con discalculia también pueden presentar dificultades con su memoria a corto plazo, de trabajo o a largo plazo. Algunos pueden tener dificultades con la conciencia espacial. La discalculia no es más frecuente en un sexo que en otro y es un trastorno que dura toda la vida y que está presente desde el nacimiento.

Algunos investigadores hablan de *discalculia primaria* y *secundaria*. La discalculia primaria es una diferencia «interna del niño», atribuida a la neurodiversidad de ese individuo. La secundaria se asocia a dificultades matemáticas causadas por factores externos, como una enseñanza deficiente o la falta de escolarización. Para los fines de este libro, me referiré a la *discalculia primaria*, siguiendo la definición que establece que:

La discalculia es una dificultad inesperada en matemáticas que no puede explicarse por factores externos.

La mejor forma de considerar las dificultades matemáticas es como un *continuum*, no como una categoría distinta, con la discalculia en uno de los extremos.

A veces puede costar saber dónde acaban las dificultades generales con las matemáticas y dónde empieza la discalculia, puesto que ambas suelen solaparse. Las personas con discalculia también pueden verse afectadas por factores externos. Debemos tener cuidado de no meter a todos los alumnos con dificultades matemáticas en la categoría de la discalculia. Comprender la raíz de las dificultades en matemáticas es crucial a la hora de desarrollar estrategias eficaces de apoyo e intervención.

Cabe esperar que la discalculia evolutiva se distinga de las dificultades generales con las matemáticas atendiendo a la gravedad de las dificultades con la magnitud simbólica y no simbólica, el sentido numérico y la subitización.

Magnitud simbólica y no simbólica

Cualquier herramienta de detección de discalculia ha de incluir pruebas de comparación de magnitudes simbólicas y no simbólicas. Estas pruebas suelen incluir un efecto estroboscópico. En este tipo de pruebas se pide al alumno que identifique el número mayor de un par de números.

En un par congruente, el número numéricamente mayor es también físicamente mayor. En esta tarea, los discalcúlicos rinden al mismo nivel que los no discalcúlicos. En un par incongruente, el número numéricamente mayor es físicamente menor, y aquí estamos ante el efecto Stroop. Los alumnos con discalculia relacionarán automáticamente el tamaño físico del número y no tendrán en cuenta la magnitud numérica, ya que no han establecido la conexión entre el símbolo numérico y su magnitud numérica. Esta prueba de Stroop es una forma muy eficaz de identificar a los alumnos con discalculia, ya que existe una marcada diferencia de rendimiento entre las personas con y sin discalculia.

Par congruente	Par incongruente	Par neutro - tarea numérica	Par neutro - tarea física
3 **5**	5 **3**	**3 5**	**3** 3

La comparación no simbólica de magnitudes suele evaluarse utilizando matrices de puntos o imágenes de grupos de objetos.

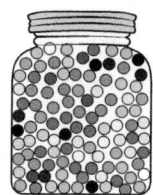

Subitizar

Subitizar es nuestra capacidad para reconocer inmediatamente cuántos elementos hay en un conjunto sin contarlos. Es una respuesta instantánea y, por lo general, podemos subitizar unos cinco objetos dispuestos al azar.

Existen dos tipos de subitización:

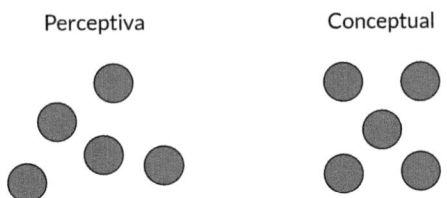

La subitización perceptiva es el reconocimiento instantáneo de la cantidad cuando los elementos están dispuestos al azar, mientras que la conceptual se refiere al reconocimiento instantáneo de la cantidad cuando los elementos están dispuestos siguiendo un patrón.

Normalmente, podemos subitizar perceptivamente hasta cinco o tal vez seis elementos.

Para la subitización conceptual, podemos reconocer cantidades mayores, puesto que utilizamos nuestro conocimiento de patrones y también operaciones simples de suma.

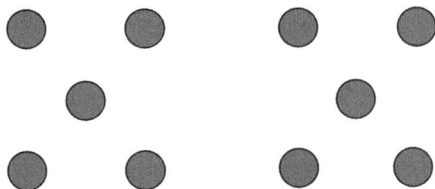

Si observamos esta imagen, podemos ver fácilmente que hay diez puntos, ya que hemos reconocido dos conjuntos de cinco puntos y los hemos sumado para obtener diez.

La subitización conceptual es una de las formas de ayudar a los alumnos con discalculia a asociar una magnitud numérica a un símbolo numérico. El uso de patrones de puntos familiares contribuye al reconocimiento automático de la cantidad y, a continuación, esa imagen puede vincularse al símbolo numérico.

¿Cuáles son las causas de la discalculia?

Queda mucho por investigar en este campo y aún no se conocen con precisión las causas de la discalculia.

Genética

Los estudios han demostrado que un alumno con discalculia suele tener un hermano, un padre u otro pariente cercano con dificultades matemáticas similares. Por lo tanto, la discalculia puede ser hereditaria, aunque es muy poco probable que a los progenitores se les haya diagnosticado el trastorno.

Diferencias cerebrales

Las resonancias magnéticas han demostrado que hay una reducción de materia gris en los lóbulos parietales y en las partes occipital, temporal y frontal del cerebro. Las áreas de los lóbulos parietales son fundamentales para el procesamiento de los números y el cálculo. Las zonas del lóbulo frontal se utilizan para recordar hechos numéricos y también para la memoria de trabajo.

Influencias prenatales

Existen pruebas que relacionan la discalculia con la exposición al alcohol en el útero. La prematuridad y el bajo peso al nacer también pueden ser factores coadyuvantes.

El síndrome de Turner, el síndrome del cromosoma X frágil, el síndrome velocardiofacial y el síndrome de Williams son algunos de los trastornos genéticos que se han observado en personas con discalculia.

Lesión cerebral

La discalculia puede estar causada por una lesión cerebral, en cuyo caso se denomina *discalculia adquirida*. Hubo un caso de un hombre que había sufrido un traumatismo cerebral que le había hecho perder todo conocimiento simbólico en matemáticas. Era incapaz de calcular 2 + 2, a menos que estuviera escrito con palabras. Podía efectuar el cálculo cuando se le presentaba como «dos más dos» y se mostraba la respuesta «cuatro».

Memoria de trabajo

La memoria de trabajo desempeña un papel importante en la suma mental, así como en la planificación y la organización. Así pues, una memoria de trabajo deficiente podría ser la causa de muchas de las dificultades que se detectan en los alumnos con discalculia.

Ansiedad matemática

La ansiedad prolongada y grave en torno a las matemáticas también puede hacer que los alumnos parezcan discalcúlicos, cuando, en realidad, es el miedo debilitante lo que les provoca problemas con las matemáticas. Su ansiedad es tan grande que son incapaces de enfrentarse a las matemáticas. La ansiedad ante las matemáticas es un problema muy frecuente en las escuelas y en la comunidad en general. Se cree que alrededor del 20-25 % de los estudiantes han experimentado ansiedad ante las matemáticas en algún momento, y puede comenzar en la escuela primaria, a veces ya en el ciclo inicial.[4]

En el capítulo 2 de este libro se analiza con más detalle la ansiedad ante las matemáticas.

El impacto de la discalculia

En la escuela

Las matemáticas son una asignatura que no se puede esquivar en la escuela y, si un alumno tiene discalculia que no ha sido reconocida o tratada, el impacto puede ser grave. Los niños pueden llegar a pensar que nunca serán capaces de hacer matemáticas o que son tontos. Esto puede mermar su autoestima y su bienestar mental y, en el caso de que no se actúe, podría repercutir en otras áreas del currículum y en su actitud hacia el aprendizaje en general. Con demasiada frecuencia, los apuros con las matemáticas en secundaria tienen su origen en dificultades no diagnosticadas o no apoyadas en primaria, por lo que es vital que los problemas con las matemáticas y la discalculia se identifiquen y corrijan cuanto antes mejor.

---

4   Alumnado de 5 a 7 años.

En la vida posterior

Las repercusiones de la discalculia son de gran alcance y potencialmente muy profundas en la vida cotidiana, en especial en el lugar de trabajo, donde puede darse el caso de que se pida a la persona que realice una tarea matemática sin previo aviso y sin la oportunidad de que se pueda preparar. Así pues, puede complicar gravemente las perspectivas laborales y las oportunidades de promoción de los individuos afectados.

Algunos adultos discalcúlicos jamás aprenden a conducir, debido a las exigencias numéricas de la conducción y en lo relativo la lectura de mapas (aunque los sistemas de navegación por satélite pueden ser de gran ayuda). Esto significa que a menudo dependen del transporte público y, encima, les puede costar leer los horarios.

La discalculia también puede desembocar en al aislamiento social, dada la incapacidad para estar en el lugar adecuado en el momento oportuno o para comprender las reglas y los sistemas de puntuación de juegos y deportes.

Las finanzas personales y la elaboración de presupuestos van a ser otro asunto complejo para las personas con discalculia. Diversos estudios en el Reino Unido demuestran que los adultos con un bajo nivel de cálculo ganan de media 2100 libras esterlinas menos al año que los adultos con un nivel de cálculo medio o superior.

Tener discalculia puede ser una experiencia muy frustrante, pero no equivale a que sea imposible tener éxito en la vida. Al fin y al cabo, se trata de una dificultad específica del aprendizaje. El libro de Paul *Moorcraft It Just Doesn't Add Up es un testimonio de lo que se puede conseguir a pesar de padecer una discalculia grave. Sorprendentemente, no son pocos los profesores de matemáticas que tienen discalculia, una circunstancia que nos recuerda que se trata de una dificultad específica de la aritmética y no de todas las ramas de las matemáticas.*

Dificultades concurrentes

Aunque la discalculia puede darse de forma aislada, es usual que esta diferencia de aprendizaje coincida con otras diferencias de aprendizaje específicas, como la dislexia y la dispraxia. Esto puede dar lugar a perfiles de aprendizaje bastante complejos y puede costar identificar la raíz de las dificultades que presenta el alumno. Esto es especialmente cierto en el caso de los niños más pequeños, cuyas dificultades pueden responder a un retraso en el desarrollo más que a una diferencia específica de aprendizaje. Aunque no soy partidaria de un diagnóstico y una evaluación formales a una edad temprana, es importante ser consciente de qué niños presentan un desarrollo atípico, esto es, que no está en consonancia con el de sus compañeros. Cuanto antes identifiquemos estas dificultades, antes podremos poner en marcha intervenciones eficaces.

Resumen

- La discalculia es una dificultad específica y persistente para comprender la aritmética y el sentido numérico básico.
- La discalculia evolutiva se distingue de las dificultades generales con las matemáticas en la gravedad de las dificultades con la magnitud simbólica y no simbólica, el sentido numérico y la subitización.
- Las causas son variadas y todavía no se conocen del todo; la investigación está en curso y es absolutamente necesaria.
- El impacto de la discalculia es profundo si no se identifica y trata con la máxima celeridad.

Referencias

Moorcraft, P. (2014). *It Just Doesn't Add Up.* Croydon, Reino Unido: Filament Publishing.

2.
Ansiedad
matemática

La discalculia y la ansiedad matemática van de la mano y sería negligente no centrarse en la prevalencia y el impacto de la ansiedad matemática en el bienestar y el rendimiento de los alumnos. Mientras que la prevalencia de la discalculia se sitúa en torno al 5-8 % de la población, un porcentaje mucho mayor de personas sufre ansiedad matemática. Con enorme frecuencia, la ansiedad matemática se pasa por alto y nunca se establece la causa de la ansiedad. Esto puede tener un efecto muy perjudicial en el bienestar de los alumnos y en la confianza que tienen sobre su capacidad para progresar en matemáticas.

En cierto modo, podría decirse que la ansiedad matemática es un problema más amplio que la discalculia. Sin duda, afecta a un mayor número de personas y afecta solamente a alumnos con dificultades. Algunos de nuestros alumnos de alto rendimiento también padecen ansiedad matemática. Como profesionales, hemos de comprender las razones de la ansiedad matemática y cómo reconocer a los alumnos que la padecen. A veces la solución puede ser muy sencilla y leves ajustes en nuestra práctica docente pueden suponer un beneficio colosal para los alumnos que sufren ansiedad matemática.

La *ansiedad ante las matemáticas* se define como:

> [...] un sentimiento de tensión y aprensión que interfiere en la capacidad de rendimiento matemático, la manipulación de números y la resolución de problemas matemáticos en una amplia variedad de situaciones de la vida ordinaria y académicas. (Richardson y Suinn, 1972)

La ansiedad ante las matemáticas también se ha descrito como:

[...] el pánico, la impotencia, la parálisis y la desorganización mental que surge en algunas personas cuando se les pide que resuelvan un problema matemático. (Tobias y Weissbrod, 1980)

Esta ansiedad es enormemente común, pero no siempre se identifica ni se le dedica atención. Las estadísticas sobre los niveles de ansiedad son escandalosas.

La ansiedad ante las matemáticas en el alumnado

El 36 % de los jóvenes de 15 a 24 años del Reino Unido sienten ansiedad ante las matemáticas. El 10 % de los niños de 8 a 13 años padece ansiedad ante las matemáticas.

Estos dos datos estadísticos por sí solos plantean las siguientes preguntas: ¿cuál es la causa de la ansiedad de los niños de 8 años ante las matemáticas?, ¿por qué no reconocemos y abordamos esta ansiedad?
¿Por qué aumenta la ansiedad a medida que los alumnos van creciendo?

La ansiedad ante las matemáticas en los progenitores

El 25 % de los padres y madres no se siente capaz de enseñar a sus hijos las operaciones básicas de suma y resta sin utilizar una calculadora.

El 40 % de no sería capaz de enseñar a sus hijos a dividir la cuenta de un restaurante con amigos.

Las mujeres sienten el doble de ansiedad que los hombres frente a las matemáticas.

Se han llevado a cabo investigaciones que sugieren que los padres y madres transfieren su ansiedad a sus hijos, sin darse cuenta, cuando tratan de ayudarlos con las matemáticas (Maloney *et al.*, 2015).

La ansiedad ante las matemáticas en la educación superior

> Solo el 26 % de los estudiantes universitarios posee la capacidad numérica necesaria para desenvolverse en la vida cotidiana y el trabajo.

Estas alarmantes estadísticas se han extraído de *A Guide to Tackling Maths Anxiety* (www.Pearson.com) y dan que pensar. No podemos ignorar este problema y tenemos que hacer más para apoyar a los alumnos que sienten ansiedad ante las matemáticas.

Una encuesta mundial en estudiantes realizada en 2021, dirigida por Cuemath, reveló que la ansiedad ante las matemáticas es mayor en el Reino Unido que en cualquiera de los otros 20 países encuestados, y que las chicas se estresan más con las matemáticas que los chicos. Los niveles de ansiedad alcanzan su máximo a los 14 años.

La ansiedad ante las matemáticas puede variar en gravedad, desde sentimientos de ansiedad leve hasta un miedo profundo y debilitante a las matemáticas. Si no se aborda en una fase temprana, es muy probable que la ansiedad se vaya haciendo una bola de nieve. Cuando nos encontramos en una situación estresante, nuestro cuerpo entra en modo de lucha o huida. Desgraciadamente, en un contexto de aula no podemos recurrir a ninguna de esas dos respuestas, así que el cuerpo produce más adrenalina para hacernos responder y escapar de la situación de estrés. Si esta experiencia se repite muchas veces, se desencadena una respuesta pavloviana en la cual el cerebro «aprende» a desconectarse cuando se le presentan las matemáticas. En esta fase, resulta ya casi imposible enseñar matemáticas al niño, ya que se halla en un estado de ansiedad. Puede dar la impresión de que los alumnos con este grado de ansiedad ante las matemáticas se niegan a hacerlas y que se trata de una cuestión de mala conducta, pero lo más probable es que la causa de su comportamiento sea la ansiedad que les producen las matemáticas.

Signos de la ansiedad ante las matemáticas

Así como las causas de la ansiedad matemática son variadas, también lo son sus síntomas. Los alumnos pueden presentar síntomas físicos, psicológicos o una combinación de ambos.

Los síntomas físicos incluyen morderse las uñas o los labios, dolores de estómago, dolores de cabeza, náuseas, sudor en las manos, aumento del ritmo cardíaco, falta de aliento, inquietud, sudoración y visitas frecuentes al baño.

Entre los síntomas psicológicos están la baja autoestima, la falta de confianza en sus respuestas, la confusión, la ansiedad, la falta de concentración, los sentimientos de impotencia, y rendirse con frecuencia y a las primeras de cambio.

En el aula puede haber alumnos que respondan a las matemáticas de una o varias de las siguientes maneras:

- Ni siquiera empezar el ejercicio.
- Tardar demasiado tiempo en terminar el trabajo.
- Hacer solo los ejercicios «fáciles».
- Encogerse de hombros y decir «no lo sé», sin que parezca que hayan pensado en ello.
- Ser impulsivo y soltar cualquier respuesta.
- No mostrar el trabajo que ha hecho.
- No acabar nunca el ejercicio.

Si esta es la respuesta a las matemáticas, lo primero que hay que hacer es hablar con el niño para averiguar si la ansiedad ante las matemáticas es el motivo de su comportamiento. La mayoría de las veces, los alumnos no se comportan así porque sean «malos» o «vagos». Siempre hay una causa subyacente o un desencadenante.

Las causas de la ansiedad pueden ser muy complejas, o bien tener su origen en un solo factor, como muestran los siguientes estudios de caso.

Niño A

El niño A mostraba altos niveles de ansiedad en clase y estaba muy retraído y poco comunicativo. No completaba ninguna de las tareas de la clase.

Después de hablar con su maestro, el niño A dijo que le aterrorizaba que saliera su nombre del bote de palitos con los nombres de los alumnos que el profesor utilizaba para hacer preguntas a niños al azar. El maestro eliminó del bote el palito del niño A y, al cabo de un par de semanas, el niño empezó a participar más en clase y a intentar hacer trabajos escritos. En ese momento, el maestro sugirió al niño A que, si quería responder a una pregunta, levantara la mano. A la semana siguiente, levantó la mano y respondió correctamente a una pregunta delante de sus compañeros, algo que habría sido inimaginable apenas unas semanas antes. A menudo hay pequeños desencadenantes que pueden causar una ansiedad muy intensa, y la más sencilla de las soluciones puede aliviar enormemente la ansiedad y el estrés.

Niño B

El niño B se portaba bien, en general, pero a veces se peleaba con otros alumnos en el recreo de la mañana. Esto hacía que el niño fuera llevado al despacho del director durante los diez primeros minutos después del recreo matinal. Con el tiempo, como esto ocurría cada vez con más frecuencia, el maestro investigó cuál era el problema. El niño confesó que tenía miedo de la parte de matemáticas mentales de la lección que siempre tenía lugar durante los primeros diez minutos después del juego de la mañana. Una vez explicado el problema, se planificaron actividades alternativas y el niño no tuvo que volver a visitar al director.

Estos casos demuestran que, a veces, la solución es relativamente sencilla. Si podemos averiguar la causa de la ansiedad, será mucho más fácil reducirla. Lamentablemente, muchos alumnos llevan años sufriendo ansiedad, que queda arraigada en ellos y cuesta mucho más aliviarla, lo cual es otro motivo por el que debemos intentar identificarla lo antes posible, así como enseñar las matemáticas de una forma que disminuya la ansiedad.

Las causas de la ansiedad ante las matemáticas

Actitud y confianza de los profesores en matemáticas

Un estudio realizado en 2008 por Elizabeth Jackson reveló que el 68 % de los estudiantes de un curso de formación de profesores de primaria no tenían confianza en sí mismos para enseñar matemáticas.

El estudio reveló que la causa de la ansiedad era su actitud hacia las matemáticas y no su capacidad cognitiva.

Los profesores que carecen de confianza en la enseñanza de las matemáticas acostumbran a enseñar de forma procedimental, cosa que conduce a una comprensión muy superficial de las matemáticas. Los alumnos aplicarán procedimientos sin pensar si ese el mejor enfoque; por ejemplo, utilizar una resta de columnas para calcular 201 - 199. Cuando las matemáticas se enseñan de forma procedimental, se convierten en una materia mecánica, basada en el recuerdo automático de muchos números, reglas y algoritmos. Si se olvida algo, ya no hay manera de reconstruir ese conocimiento.

Como profesores, tenemos una gran responsabilidad a la hora de comunicar los contenidos de una asignatura a nuestros alumnos. Esta responsabilidad me fue recalcada cuando formaba a un grupo de profesores. Uno de los docentes trabajaba en la educación de adultos y dirigía un curso de matemáticas funcionales por las tardes. Recordaba a una señora que había acudido al curso y que tenía nada menos que 78 años. Le preguntó amablemente qué la había traído al curso después de tanto tiempo. Dijo que se acordaba perfectamente de dónde estaba sentada, cómo iba vestida e incluso qué tiempo hacía en el preciso momento en que su maestro le dijo (a los 10 años) que era demasiado tonta como para aprender matemáticas. Aquella experiencia traumática la había perseguido toda su vida y estaba decidida a no dejar este mundo sin saber matemáticas.

Por desgracia, no es infrecuente que un comentario áspero tenga un efecto perjudicial que dure toda la vida. Nos gustaría pensar que hoy en día todos somos un poco más cultos y conscientes de la importancia de proteger el bienestar mental de los alumnos, pero sin darnos cuenta podemos decir cosas que pueden herir. Yo misma he caído en esa trampa. Una vez, cuando daba clases a una niña con la que había trabajado durante mucho tiempo, intenté tranquilizarla diciéndole que ese día haríamos algo «fácil» (había llegado a clase muy nerviosa y deprimida). Y el caso es que mi tarea «fácil» a ella no le pareció nada «fácil», de modo que salió de la clase sintiéndose peor de cómo había entrado. Es difícil perdonarse a uno mismo por cosas así. Afortunadamente, todo se arregló en la clase siguiente, pero es un episodio que lamento con todo mi corazón y que nunca olvidaré.

Enfoques pedagógicos

Pruebas cronometradas

Los exámenes con un tiempo limitado pueden ser uno de los principales desencadenantes de la ansiedad matemática. Cuando se nos somete a una presión de tiempo, esto puede tener un efecto muy perjudicial en nuestra memoria de trabajo y es difícil pensar con claridad. Además, muchos alumnos con dificultades de aprendizaje de las matemáticas y discalculia tienen una velocidad de procesamiento deficiente y tardan más en encontrar la respuesta, sobre todo cuando hacen cálculo mental. Existe la idea generalizada de que ser rápido en matemáticas equivale a ser bueno en matemáticas, y muchos alumnos se la creen. En realidad, la velocidad no tiene nada que ver con la comprensión matemática. Aunque puede ser útil recordar las tablas de multiplicar de forma inmediata y automática, eso no lo convierte a uno en un gran matemático, del mismo modo que saber el alfabeto de memoria no equivale a ser un gran escritor.

Para ilustrar la irrelevancia de la velocidad en las matemáticas, me parece oportuno hablar de Laurent-Moïse Schwartz (1915-2002). Fue un matemático francés galardonado con la Medalla Fields en 1950. En matemáticas, la Medalla Fields equivale al Premio Nobel. Esto es lo que contaba sobre su experiencia en la escuela:

> Siempre tuve muchas dudas sobre mi propia capacidad intelectual; creía que no era inteligente. Y es cierto que era, y sigo siendo, bastante lento. Necesito tiempo para asimilar las cosas, porque siempre necesito comprenderlas del todo. Incluso cuando era el primero en responder a las preguntas del profesor, sabía que era porque eran preguntas de las que ya sabía la respuesta. Pero, si surgía una pregunta nueva, hasta los alumnos que no eran tan buenos como solían responder antes que yo. Hacia el final de la secundaria obligatoria,[5] me consideraba en secreto un idiota, y eso me preocupó durante mucho tiempo. No solo pensaba que era tonto, sino que no podía entender la contradicción entre esa estupidez y mis buenas notas. Nunca hablé de esto con nadie, pero estaba seguro de que mi impostura se revelaría algún día: el mundo entero y yo mismo veríamos por fin que lo que parecía inteligencia era una mera ilusión. Si esto llegó a pasar, aparentemente nadie se dio cuenta, y yo sigo siendo igual de lento. Cuando un profesor nos dictaba algo, tenía verdaderos problemas para tomar notas; todavía me cuesta seguir un seminario.
>
> Al final del undécimo curso, reflexioné sobre la situación y llegué a la conclusión de que la rapidez no tenía una relación exacta con la inteligencia. Lo importante era comprender a fondo las cosas y sus relaciones mutuas. Ahí reside la inteligencia. El hecho de ser rápido o lento no es relevante. Naturalmente, es útil ser rápido, como

---

5   Alumnado de 15 y 16 años.

lo es tener buena memoria. Pero no es ni necesario ni suficiente para el éxito intelectual.

Schwartz (2001, pp. 30-31)

Responder a preguntas delante de los demás - asignatura de rendimiento

A veces las matemáticas se presentan como una cuestión de rendimiento más que de proceso. Se muestran tablas de clasificación de los alumnos según el número de preguntas que han acertado. Se pone a los alumnos en un aprieto para que respondan a las preguntas ante sus compañeros. Esto puede resultar muy angustioso para los alumnos que no tienen confianza en las matemáticas. Las matemáticas son una asignatura en la que no hay dónde esconderse: 7 × 6 = 42, es un hecho. No se puede ofrecer una interpretación personal. Sería mucho más apropiado felicitar por las mejoras individuales: por ejemplo, un niño que ha pasado de acertar dos de cada diez preguntas a acertar tres de cada diez ha mejorado un 50 %. Eso hay que celebrarlo. Deberían encabezar la clasificación. Asegurarse de que los alumnos disponen de tiempo suficiente para contestar y no ponerlos en la diana no les costaría nada a los profesores de matemáticas.

Trabajar de forma aislada

Si bien es necesario que los alumnos trabajen de forma independiente para poder evaluar sus progresos, esto solo debe constituir una pequeña parte de la clase. La mayor parte del tiempo, los alumnos tienen que trabajar en colaboración, apoyándose mutuamente y compartiendo sus ideas. Esto tiene muchas ventajas, como la ampliación de su vocabulario matemático y el desarrollo de la flexibilidad en el enfoque utilizado. En Singapur, un país reconocido por su éxito en la enseñanza de las matemáticas, los alumnos siempre se agrupan en grupos de capacidades mixtas, de modo que los que han comprendido un concepto concreto pueden apoyar a los que tienen dificultades al respecto. Las matemáticas son una asignatura muy variada y no todos los alumnos tienen dificultades en todas sus áreas. Puede haber clases en las que los alumnos que antes necesitaban apoyo sean ahora los que lo proporcionen, lo cual puede ser muy beneficioso para los alumnos con baja autoestima en esta materia. Nuestros alumnos disléxicos suelen tener unas capacidades visuales y espaciales muy desarrolladas y están en una excelente posición para ayudar a los niños que parecen tener un alto rendimiento y que tienden a trabajar a un nivel más abstracto.

Mentalidad

Hay dos tipos de mentalidad en el aprendizaje de las matemáticas: la *mentalidad de crecimiento* y la *mentalidad fija*. La mentalidad de crecimiento se refiere a la actitud de un alumno respecto a sus capacidades matemáticas y a su potencial en matemáticas. Creen que pueden mejorar su capacidad matemática. En cambio, los alumnos con una mentalidad fija piensan que su capacidad en matemáticas nunca va a cambiar, hagan lo que hagan.

A menudo son los padres y madres quienes perpetúan esta percepción, afirmando que a «ellos se les daban fatal las matemáticas» en el colegio como forma de consolar a sus hijos cuando les va mal en matemáticas. Esto propicia una mentalidad fija en el niño, que creerá que se nace siendo bueno o malo en matemáticas y que no se puede hacer al respecto.

Carol Dweck, en su libro *Mindset: How You Can Fulfil Your Potential*, desmonta este mito matemático explorando el poder de nuestra mentalidad. Explica por qué no son solo nuestras capacidades y nuestro talento lo que nos lleva al éxito, sino también si hemos adoptado una mentalidad fija o de crecimiento. Con la mentalidad adecuada, los alumnos pueden mejorar su motivación y su rendimiento.

Familias

Como se ha mencionado en el apartado anterior, los padres y madres pueden ser la causa de la ansiedad que despiertan las matemáticas. Los alumnos captan de ellos percepciones negativas hacia esta asignatura.

Puede darse el caso de que los progenitores intenten ayudar a sus hijos con las matemáticas, pero que empleen un método diferente al que se sigue en el aula, cosa que puede acabar confundiendo y frustrando a ambas partes.

Resumen

- La ansiedad ante las matemáticas es muy común.
- Si no se identifica, puede tener efectos muy perjudiciales en el alumno.
- Los síntomas y las causas son muy variados.
- A menudo es la forma como se enseñan las matemáticas lo que provoca la ansiedad.

Referencias

Jackson, E. (2008). *Mathematics anxiety in student teachers. Practitioner Research in Higher Education*, 2(1), pp. 36-42.

Maloney, E. A., Ramirez, G., Gunderson, E. A., Levine, S. C. y Beilock, S. L. (2015). Intergenerational effects of parents' math anxiety on children's math achievement and anxiety. *Psychological Science*, 26(9), pp. 1480-1488. https://doi.org/10.1177/0956797615592630

Richardson, F. C. y Suinn, R. M. (1972). The Mathematics anxiety rating scale: Psychometric data. *Journal of Counseling Psychology*, 19(6), pp. 551-554. https://doi.org/10.1037/ h0033456

Schwartz, L. M. (2001). *A Mathematician Grappling with His Century*. Basilea, Suiza: Birkhäuser.

Tobias, S. y Weissbrod, C. (1980). Anxiety and mathematics: An update. *Harvard Educational Review*, 50(1), pp. 63-70. https://doi.org/10.17763/ haer.50.1.xw483257j6035084

3.
Indicadores
de discalculia

Puede costar distinguir entre discalculia y dificultades generales de aprendizaje de las matemáticas. ¿Dónde acaba una y empieza la otra? Las dificultades generales con las matemáticas suelen atribuirse a factores externos, como faltar mucho a clase o recibir una instrucción inadecuada. La discalculia, por el contrario, se debe a factores internos, a una diferencia en la estructura del cerebro. Sin embargo, en algunos alumnos pueden intervenir tanto factores internos como externos, lo que hace todavía más difícil determinar si el alumno tiene o no discalculia. Es útil intentar detectar dificultades inesperadas en las matemáticas; por ejemplo, un niño que se desenvuelve bien en todas las demás áreas, pero que parece incapaz de asimilar las matemáticas más elementales. Otros alumnos pueden desenvolverse bien en algunos aspectos de las matemáticas, como la forma y el espacio, pero les puede costar mucho trabajar con números y recordar datos.

Seguidamente, se presentan algunos de los indicadores de discalculia que se pueden identificar.

1. Incapacidad para subitizar ni siquiera cantidades muy pequeñas

La palabra *subitizar* procede del latín *subito*, que significa 'de repente'. Alude a nuestra capacidad para reconocer inmediatamente el número de elementos de un conjunto sin tener que contarlos. La mayoría de las personas pueden subitizar hasta cinco o seis elementos colocados al azar. Un alumno discalcúlico puede ser incapaz de hacerlo y mostrar dificultades, incluso, para subitizar solo tres elementos.

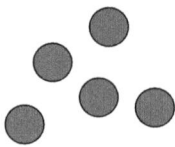

A pesar de que podemos enseñar a los alumnos a reconocer patrones de puntos y a desarrollar su capacidad de subitización, esto puede ser un problema de por vida para las personas con discalculia.

Incluso en la edad adulta puede costar reconocer de manera instantánea cantidades pequeñas. Por ejemplo, al ver una fuente de frutas con cuatro manzanas, un adulto discalcúlico puede tener que contar cada manzana individualmente, en lugar de captar al instante que hay cuatro piezas.

2. Sentido numérico pobre

Las definiciones de *sentido numérico* varían, pero personalmente, lo concibo como nuestra capacidad para entender nuestro sistema numérico y de qué manera un número se relaciona con otro. Un niño con buen sentido numérico manipula los números y los utiliza con flexibilidad. A los alumnos con un sentido numérico pobre les cuesta desarrollar el significado de los números y las operaciones. No buscan relaciones y conexiones entre los números y las operaciones, y no tienen flexibilidad en el uso de los números.

El sentido numérico también tiene que ver con la toma de decisiones, con saber qué estrategia será la más eficaz y con disponer de una gama de estrategias entre las cuales poder elegir.

Por ejemplo, al multiplicar 19 x 18, podemos calcular primero 20 x 18 y luego restar 18 para obtener la respuesta. Este es un método más eficiente que hacer una multiplicación larga.

Método 1	Método 2
20 × 18 = 360	19
360 − 18 = 342	x 18
	152
	+ 190
	342

¿Qué método prefiere?

3. Incapacidad para estimar si una respuesta numérica es razonable

Ser capaz de estimar una respuesta representa una ventaja enorme en matemáticas, pero a los alumnos con discalculia les resulta extremadamente difícil. Si se les pone delante una serie de fichas (pongamos 15), ¡pueden llegar a decir que hay desde 2 hasta 200! Esto también se aplica a los cálculos. Esto también se aplica a los cálculos, así que, cuando sumen 99 y 190, no buscarán una respuesta que se acerque a 300. Puede pasarles que sumen 190 y 99 y que «les dé» 1999, y no se den cuenta de lo poco razonable de esta respuesta.

La incapacidad para estimar deriva de las dificultades de procesamiento de magnitudes de los alumnos con discalculia. No han desarrollado la capacidad de asociar la magnitud numérica a un símbolo numérico; para estos alumnos, 99 y 190 no tienen significado en términos de magnitud numérica. De ahí que sea tan importante que utilicemos manipulativos concretos para ayudarlos a desarrollar la comprensión de la magnitud numérica. Si pueden ver físicamente la diferencia entre 99 y 190 mediante el uso de manipulativos como los bloques Dienes, su habilidad para estimar mejorará. Muchos niños son reacios a estimar una respuesta porque lo consideran un paso innecesario y un trabajo extra, pero desarrollar la capacidad de estimar es una de las habilidades más poderosas que podemos enseñar a los niños, ya que los ayudará a identificar los errores que han cometido y a seguir el camino correcto en los cálculos que comportan diversos pasos.

4. Estrategias inmaduras

Los alumnos discalcúlicos tienden a aferrarse a los procedimientos con los que se sienten seguros, por ejemplo, contarlo cada elemento, de uno en uno, sucesivamente, en vez de contar en conjuntos, por ejemplo, de cifras formadas por dos números. No tienen confianza para jugar con los números o probar métodos nuevos y más eficaces. En este sentido, a menudo acaban haciendo una versión más difícil y lenta de las matemáticas, dado que aplican procedimientos largos e ineficaces, a las antípodas de un camino más rápido y eficaz que conduce a la respuesta.

He visto niños que empezaban a dibujar puntos cuando sumaban dos números de tres cifras, ya que era una estrategia que les funcionaba cuando sumaban números de una cifra. Es evidente que se trata de una estrategia muy ineficaz e inmadura, pero es típica de los alumnos discalcúlicos, que persisten en un procedimiento que les ha funcionado en el pasado.

5. Incapacidad para percibir patrones

Si somos capaces de identificar patrones en las matemáticas, nos será más fácil generalizar y predecir soluciones. A los alumnos con discalculia esto les cuesta mucho, pues son incapaces de detectar fácilmente los patrones matemáticos. No podemos dar por sentado que un alumno discalcúlico detectará un patrón aunque a nosotros nos parezca obvio. Por ejemplo, en la tabla del 5 hay un patrón muy claro en el dígito de las unidades:

$1 \times 5 = 5$
$2 \times 5 = 10$
$3 \times 5 = 15$
$4 \times 5 = 20$
$5 \times 5 = 25$

Está claro que el siguiente dato de la tabla de productos acabará en 0, pero esto no es transparente para los alumnos con discalculia. En las primeras fases, el reconocimiento de patrones se puede desarrollar mediante patrones AB sencillos y, a continuación, patrones ABC más complejos. La primera etapa se basa en reconocer un patrón y, seguidamente, ser capaz de proseguirlo para, al final, saber generar un patrón propio.

Las actividades de los primeros años sientan las bases para el aprendizaje posterior y no hay que subestimar la importancia de desarrollar estas habilidades.

6. Incapacidad para generalizar

Generalizar consiste en ser capaz de transferir los conocimientos adquiridos a una situación nueva. Esta capacidad nos ayuda a dar sentido a las matemáticas y a comprender las conexiones y los patrones.

Los alumnos discalcúlicos tienen dificultades para generalizar ideas y conceptos y les cuesta transferir información de un área de las matemáticas a otra. En consecuencia, para ellos, las matemáticas no son sino una multitud de datos individuales que hay que almacenar y recordar o calcular cada vez a partir de los primeros principios.

7. Retraso en el conteo

Los alumnos discalcúlicos presentan un acusado retraso a la hora de contar y comprender los principios que rigen esta tarea, como la cardinalidad y la correspondencia 1:1. Tienden a utilizar estrategias de conteo inmaduras. Contar hacia atrás supone una dificultad añadida, por lo cual conviene contar hacia atrás con la misma frecuencia que hacia delante. Los principios de la actividad de contar se detallan en el capítulo 5. Una vez más, la comprensión de estos principios será clave para cualquier aprendizaje futuro de las matemáticas.

8. Dificultad para recordar tablas y operaciones numéricas

Los alumnos discalcúlicos experimentan grandes dificultades para recordar datos aritméticos como las tablas de multiplicar y las relaciones numéricas. Por este motivo, les cuesta mucho hacer cálculos sencillos, y más todavía todo si tienen que hacerlos mentalmente. Una de las razones es que no han asociado la magnitud numérica al símbolo numérico. Cuando ven «3», no tienen en su mente la imagen de tres elementos.

9. Dificultad para descomponer números

A los alumnos discalcúlicos les cuesta enormemente descomponer los números en partes más pequeñas, por ejemplo, reconocer que el 10 está formado por 4 y 6, 7 y 3, 8 y 2, etc. La capacidad para descomponer y recomponer números puede considerarse un precursor del desarrollo numérico. Los alumnos que no saben cómo se construyen los números tendrán dificultades para desarrollar un pensamiento matemático fluido.

Resumen

- Puede ser complejo determinar si las dificultades se deben a factores internos o externos, o bien a una combinación de ambos.
- La discalculia se caracteriza por un pobre sentido numérico, incapacidad para la subitización y dificultades con las magnitudes simbólicas y no simbólicas.

4.
Desmontar
los mitos

Abundan los mitos en torno a las matemáticas y la discalculia, algunos de los cuales están muy extendidos. En esta sección se examinan los mitos más comunes relacionados con la discalculia y se argumenta por qué no son ciertos.

Mito 1: No muchos alumnos tienen discalculia

Esto es falso. Se cree que alrededor del 5-8 % de la población es discalcúlica. El problema es que no se identifican a muchos alumnos con discalculia. Hay mucha más conciencia en torno a la dislexia que en torno a la discalculia. En 2018, la Queen's University de Belfast llevó a cabo un estudio para determinar la prevalencia de la discalculia en alumnos de primaria. Encontraron que el 6 % de los 2400 alumnos examinados tenían discalculia. Esto equivale a 144 alumnos. De esos 144, solo un niño había sido identificado formalmente.

Mito 2: La discalculia es una dislexia numérica

Se trata de una frase utilizada a menudo como simplificación excesiva del término discalculia. Sin embargo, las áreas del cerebro responsables de la dislexia son completamente distintas de las áreas del cerebro responsables de la discalculia. La dislexia constituye una dificultad basada en el lenguaje y asociada a un déficit de conciencia fonológica. La discalculia se basa en los números y está asociada a un déficit de procesamiento de magnitudes. Sin embargo, es cierto que existe una mayor coocurrencia de dislexia y discalculia de lo que cabría esperar estadísticamente, dada la prevalencia individual.

Mito 3: Algunas personas no están hechas para las matemáticas

Este es, probablemente, uno de los mitos más populares. Existe la creencia de que se nace siendo bueno o malo en matemáticas. Y no es verdad. El cerebro es increíblemente plástico y, en un entorno y con una enseñanza adecuados, todos podemos aprender matemáticas. Tal vez no a todos nos gusten tanto como otras asignaturas, pero eso se debe a la heterogeneidad de los seres humanos y no a la asignatura en sí. Fomentar una mentalidad de crecimiento en los alumnos contribuirá en gran medida a acabar con este mito. Los alumnos con mentalidad de crecimiento abrazan el poder del *todavía*: «Todavía no puedo hacer esto, pero eso no significa que nunca pueda hacerlo».

Mito 4: No se puede diagnosticar la discalculia hasta el ciclo medio de primaria[6]

Antes se pensaba que no se podía detectar la dislexia hasta que el niño tenía siete años. Esto era absurdo, ya que significaba que muchos alumnos sufrían años de fracaso y frustración antes de que se pudieran beneficiar de un apoyo especializado. Ahora sabemos que la identificación precoz es clave. Cuanto antes nos demos cuenta de que hay un problema, antes podremos poner en marcha medidas de ayuda. Lo mismo ocurre con la discalculia. Muchos de los signos de discalculia aparecen en conceptos matemáticos muy tempranos. Un niño discalcúlico no entiende los principios básicos inherentes al hecho de contar que los otros niños suelen comprender hacia los cuatro o cinco años. Podemos buscar alumnos que no hayan adquirido la cardinalidad o la conservación del número. ¿Presentan una correspondencia 1:1? ¿Saben encontrar un conjunto de cuatro objetos? ¿Saben decir cuál de dos conjuntos tiene más objetos?

---

6   De 7 a 11 años.

Mito 5: La discalculia es sinónimo de ansiedad matemática

Muchos alumnos con discalculia padecen ansiedad matemática, pero también hay muchos otros con un alto rendimiento en matemáticas que la padecen. Son cosas completamente distintas. La ansiedad matemática posee un amplio abanico de causas y se basa en respuestas emocionales a diferentes situaciones. La discalculia conlleva una diferencia en la estructura del cerebro.

En algunos casos, la ansiedad matemática es tan grave que el niño parece discalcúlico. A veces se habla de *pseudodiscalculia*. El problema ahí es la elevada ansiedad, y no una diferencia cerebral.

Mito 6: Las personas con discalculia nunca serán capaces de hacer matemáticas

Una vez más, con el apoyo y el entorno de aprendizaje apropiados, todos podemos aprender matemáticas. Todo el mundo puede aprender a desenvolvernos en un mundo matemático. Quizá no haremos matemáticas por placer, pero hay muchos avances tecnológicos que pueden ayudar a las personas con discalculia a manejar los números tan bien como un adulto.

Resumen

- La discalculia afecta a cerca del 6 % de la población. Esto significa que en cada aula puede haber uno o dos alumnos con discalculia (y muchos más con dificultades más generales de aprendizaje de las matemáticas).
- La discalculia tiene un grado de identificación muy bajo.
- Podemos identificar signos reveladores de discalculia a una edad muy temprana.

Parte II.
ESTRATEGIAS PRÁCTICAS

5.
Las etapas típicas del desarrollo de las matemáticas en preescolar y primer ciclo de primaria

No podemos subestimar la importancia de las primeras etapas del desarrollo de las matemáticas. El niño tiene mucho que aprender y muchos conceptos cruciales que comprender. Aprender a contar va mucho más allá que recitar una secuencia de números.

A menudo oigo decir a docentes: «No se me dan bien las matemáticas, así que me alegro de enseñar en Educación Infantil. No creo que yo pudiera con las matemáticas de 6.º curso». Ayudar a los alumnos a conceptualizar nuestro sistema numérico es exigente y requiere una comprensión profunda de los principios del acto de contar. Así que los profesores de matemáticas que deberían estar en preescolar y primer ciclo de primaria no son los que se sienten más inseguros con ellas, sino todo lo contrario, los más seguros de sí mismos. Las bases tienen que ser profundas y sólidas para que se asiente un buen aprendizaje.

¿En qué consisten los principios del conteo?

Los principios del conteo

Orden estable

Se trata de entender que siempre contamos en el mismo orden: 1, 2, 3, 4, 5, etc. No podemos cambiar este orden, ya que tenemos un nombre numérico fijo para cada cantidad numérica. Y es importante que los alumnos tengan la oportunidad de contar tanto hacia delante como hacia atrás.

Correspondencia 1:1

Comporta entender que cada elemento solo se cuenta una vez. Es posible que hayas visto a alumnos contar mal los dedos porque dicen los nombres de los números más rápido de lo que pueden tocar sus dedos. Llegan a afirmar, convencidos, que tienen 6 dedos. Esto indica que el niño no ha adquirido el concepto de *correspondencia 1:1*.

Cardinalidad

Consiste en entender que el último número que decimos cuando contamos un conjunto es cuántos elementos hay en ese conjunto. Los alumnos que no dominan la cardinalidad volverán a contar los dedos desde 1 cada vez y no se dan cuenta de que, una vez que han contado cinco dedos, no necesitan volver a contar desde 1.

Conservación del número

Esto conlleva entender que tres objetos separados en una mesa son la misma cantidad numérica que tres objetos juntos. Tres son tres, estén dispuestos como estén.

Orden irrelevante

La idea es entender que, cuando contamos un conjunto de objetos, es irrelevante por qué objeto empezar a contar. El número total del conjunto será el mismo, sea cual sea el orden en que los contemos.

El movimiento es magnitud

Se trata de comprender que, a medida que avanzamos en la secuencia de contar, los números aumentan de uno en uno cada vez.

Abstracción

Esto es entender que tres elefantes no son numéricamente más que tres ratones solo porque los primeros sean físicamente más grandes. También implica comprender que podemos contar cosas que no podemos tocar, como los sonidos, y también que podemos representar cantidades de objetos reales, como manzanas, con fichas o cubos.

Inclusión jerárquica

Se trata de entender que dentro de un conjunto de números hay conjuntos más pequeños. Por ejemplo, dentro de un conjunto de cinco elementos hay conjuntos de uno y cuatro, o conjuntos de dos y tres.

Conversión de conjuntos en unidades

También llamada *unitarización*, esta habilidad consiste en contar en grupos (por ejemplo, de dos en dos o de tres en tres) nos ayuda a comprender el sistema de valor posicional. Cuando contamos más de nueve, tenemos un grupo de diez.

Además, los alumnos tienen que pasar por los distintos niveles del conteo oral.

Niveles de conteo oral

Nivel de cadena

En este nivel, los alumnos no pueden distinguir el nombre de un número del de otro y, para ellos, contar no es más una cadena continua de sonidos («unodostrescuatro»). Esto es muy parecido a cuando los alumnos aprenden el alfabeto y dicen «lmnñop» como si fuera el sonido de una letra.

Nivel de lista irrompible

En este nivel, los alumnos pueden identificar distintos nombres de números, pero siempre empiezan a contar por uno.

Nivel de cadena rompible

En este nivel, los alumnos pueden empezar a contar a partir de cualquier número, lo cual resulta esencial para que puedan utilizar el conteo sucesivo como estrategia para la suma.

Nivel de cadena numerable

Aquí, la secuencia, el conteo y la cardinalidad se fusionan, de modo que, si el niño cuenta a partir de 3, entonces 3 es el primer número, 4 es el segundo número, etc.

Cadena bidireccional

En este nivel, el niño puede decir los números en cualquier dirección y empezar desde cualquier punto. Es una capacidad clave para contar hacia atrás como estrategia para restar.

Desarrollo típico de las capacidades matemáticas de los 3 a los 7 años

Es imposible indicar una edad exacta a la que se desarrollarán estas destrezas, ya que todos los alumnos aprenden a ritmos diferentes. A menudo me preguntan: «¿A qué edad debería un niño ser capaz de subitizar cinco elementos?» y otras cuestiones del estilo. Mi regla general es fijarse siempre en el niño que no ha comprendido algo cuando la mayoría de sus compañeros sí que lo han hecho. También se ha de tener en cuenta el mes de nacimiento del niño. ¿Es de los más pequeños de la clase o de los mayores?

Dicho esto, es útil disponer de una guía para el desarrollo típico. Expongo, a continuación, una guía aproximada de las expectativas típicas a diferentes edades. Esta lista se ha adaptado de www.learningtrajectories.org, una página web excelente que ofrece ejemplos de las distintas etapas de desarrollo y actividades de apoyo a los alumnos en cada una de ellas.

El Centro Nacional para la Excelencia en la Enseñanza de las Matemáticas del Reino Unido (NCETM por sus siglas en inglés) comparte orientaciones útiles sobre la progresión típica: www.ncetm.org.uk/in-the-classroom/early-years.

Muchas escuelas se remiten, asimismo, a diversos documentos de preparación para el progreso, como: https://assets.publishing.service.gov.uk/government/uploads/system/uploads/attachment_data/file/1017683 / Maths_guidance_KS_1_and_2.pdf

Todos estos documentos dan una idea de la progresión esperada y comprenderla claramente ayudará a identificar a los alumnos que no siguen una trayectoria típica.

Evolución típica de las matemáticas de los 3 a los 7 años	
3 años	Empieza a contar en voz alta, pero puede ser incoherente en la secuencia y omitir números. Empieza a desarrollarse la correspondencia 1:1, pero no es consistente. Puede formar pequeñas colecciones de hasta tres elementos. Puede dar el nombre numérico de colecciones de hasta tres elementos.
	Puede subitizar perceptivamente hasta cuatro elementos. Puede comparar grupos de objetos idénticos e identificar qué grupo tiene más o menos que el otro. Empieza a entender la ordinalidad en términos de 1.ª y 2.ª posición.
4 años	Puede contar hasta 10 con precisión y empieza a contar 1:1, pero puede omitir elementos o contarlos dos veces. Empieza a comprender la cardinalidad, contando con precisión objetos en una fila y respondiendo «¿cuántos...?» sabiendo que el último número que dice equivale al conteo de cuántos elementos hay en el conjunto. Empieza a contar objetos dispuestos al azar hasta 10. Comienza a leer y escribir números hasta 10. Puede seleccionar grupos de objetos de hasta cinco a demanda. Puede subitizar perceptivamente hasta cinco elementos. Esto significa el reconocimiento automático e instantáneo de un conjunto de elementos dispuestos al azar.
	Puede subitizar cinco, seis y siete elementos. Esto significa que los alumnos subitizar perceptivamente dos grupos más pequeños y combinarlos para decir cuántos hay en el conjunto. Por ejemplo, ver un grupo de tres y otro de cuatro en un grupo de siete, y utilizarlo para afirmar que hay siete elementos en el grupo. Este es el principio del pensamiento parte-parte-todo. Puede comparar conjuntos de objetos diferentes e identificar que tienen el mismo número en cada conjunto. Esto demuestra que atienden más a la cantidad numérica que a la diferencia entre los objetos. Todavía puede equivocarse cuando hay un número numéricamente mayor de elementos pequeños junto a un número numéricamente menor de elementos grandes. Empieza a construir una recta numérica mental. Por ejemplo, cuando se le da una recta numérica con el 0 en un extremo y el 5 en el otro, puede colocar el 2 con una precisión razonable. Pueden ordenar cantidades de hasta cinco; por ejemplo, puede reconocer patrones de puntos y ordenarlos, o puede ordenar torres de cubos.
	Utiliza el acto de contar todos los elementos como estrategia para determinar la suma de dos conjuntos. Utiliza la cuenta atrás para averiguar cuántos quedan cuando se quitan uno o dos elementos. Puede empezar a utilizar el pensamiento parte-parte-todo para unir dos conjuntos. Puede utilizar el conteo como estrategia. Por ejemplo, si tiene cuatro libros y necesita seis, ¿cuántos más necesita? El niño empezará por cuatro y luego contará dos más para llegar a seis en total. Conoce las posibles formas de sumar 5 usando dos números. Puede compartir un grupo de objetos utilizando la estrategia «uno para mí, uno para ti». Comprende el concepto de *reparto* equitativo y que los números impares no pueden repartirse en grupos iguales.

Evolución típica de las matemáticas de los 3 a los 7 años	
5 años	Puede contar objetos con precisión para cantidades superiores a 10.
	Puede saber qué artículos se han contado y cuáles quedan por contar.
	Puede contar objetos en diferentes disposiciones.
	Puede dibujar un número determinado de objetos.
	Puede contar a partir de un número dado hasta 20 o 30.
	Puede contar hacia atrás con precisión a partir de 10.
	Puede subitizar cinco, seis y siete elementos. Esto significa que los alumnos subitizar perceptivamente dos grupos más pequeños y combinarlos para decir cuántos hay en el conjunto. Por ejemplo, ver un grupo de tres y otro de cuatro en un grupo de siete, y utilizarlo para afirmar que hay siete elementos en el grupo. Este es el principio del pensamiento parte-parte-todo.
	Amplía la comprensión de la ordinalidad a diez. Por ejemplo, los alumnos pueden identificar la posición de una persona que termina una carrera.
	Puede comparar conjuntos de hasta 10, incluso cuando los objetos son de formas y tamaños diferentes.
	Puede ampliar su visualización de una recta numérica mental hasta el 10.
	Puede pedir cantidades de hasta diez, con tarjetas de puntos, torres de cubos, etc.
	Utiliza el pensamiento parte-parte-todo para los problemas de suma y resta.
	Puede hallar el número que falta en problemas como 4 + _ = 7.
	Puede compartir objetos agrupándolos; por ejemplo, dando dos objetos a la vez hasta que se acaben todos.
	Empieza a reconocer fracciones unitarias como 1/2, 1/3, 1/4.
6 años	Puede decir el número anterior y el posterior al que se le dé.
	Sabe contar de dos en dos, de cinco en cinco y de diez en diez hasta 100.
	Puede contar hasta 100 con precisión y hacer las transiciones decenales.
	Conoce las relaciones numéricas de todos los números hasta sumar 10 y utiliza este conocimiento para sumar hasta 20.
	Empieza a resolver problemas de incógnita inicial, como _ + 6 = 10.
	Empieza a generalizar; por ejemplo, utiliza el hecho de que 5 + 5 = 10 para resolver 5 + 6.
	Sabe el doble de los números hasta 20.
	Comprende el valor posicional en términos de decenas y unidades. Puede hacer sumas de dos dígitos renombrando.
	Empieza a comprender que la multiplicación y la división son operaciones inversas.
	Utiliza la suma repetida para la multiplicación y la agrupación para la división.
	Empieza a comprender la notación de fracciones y que un denominador mayor representa una fracción menor.
7 años	Cuenta con confianza hasta 100 y hace las transiciones decenales partiendo de cualquier número.
	Entiende el valor posicional en términos del valor del dígito en la columna de las decenas o de las unidades. Sabe contar en múltiplos de diez.
	Sabe contar más de 100 y comprende el valor posicional de las centenas, las decenas y las unidades.

Evolución típica de las matemáticas de los 3 a los 7 años	
7 años	Cuenta hacia delante y hacia atrás en decenas y unidades.
	Es capaz de reconocer grupos de números, por ejemplo, de cinco, de diez y de dos, para determinar cuántos son.
	Utiliza el valor posicional para comparar números. Por ejemplo, sabe que 53 es más que 49 mirando la cifra de las decenas.
	Utiliza una recta numérica mental hasta 100 para redondear números o decir si un número está más cerca de un múltiplo de diez o de otro.
	Empieza a extender esto a una línea numérica mental hasta 1000.
	Puede estimar el número de elementos de un conjunto de hasta unos 100 elementos.
	Utiliza la descomposición de números cuando suma y resta.

Solo he expuesto este desarrollo típico hasta los 7 años, dado que a esta edad ya se han introducido los elementos fundamentales de las matemáticas. El desarrollo varía de un niño a otro, pero este cuadro brinda una idea general de lo que puede esperarse a cada edad. Es importante asegurarse de que no estamos haciendo que los niños corran demasiado, al margen de lo que dicte el plan de estudios. Las matemáticas son una asignatura intrínsecamente acumulativa y, si pasamos a un nuevo concepto antes de que se hayan comprendido los conocimientos previos, estaremos acumulando muchos problemas para el futuro.

Resumen

- Es necesario comprender a la perfección los fundamentos del conteo.
- Se ha de dedicar tiempo a los principios de conteo.
- Es clave detectar a los niños que no siguen las trayectorias típicas de aprendizaje e intervenir en cuanto surjan dificultades.

6.
Buenas
prácticas

Ahora que se han detallado las etapas típicas del desarrollo, este capítulo explorará las buenas prácticas para apoyar a los alumnos con discalculia y con dificultades para el aprendizaje de las matemáticas. Como siempre ocurre, lo que funciona bien para los alumnos con dificultades será beneficioso para todos los alumnos, y hay cinco competencias básicas que hemos de desarrollar para que los alumnos vayan algo más allá de una comprensión superficial de las matemáticas. Estas cinco competencias son las piedras angulares del enfoque de la enseñanza de las matemáticas basado en el dominio, que tan buenos resultados ha dado en países como Singapur. Se está implantando cada vez más en el Reino Unido y encaja muy bien con los enfoques que funcionan para los alumnos con dificultades en matemáticas, ya que se basa en el desarrollo de la visualización, la generalización y el sentido numérico. Refuerza los puntos débiles de los alumnos con discalculia y dificultades más generales en el aprendizaje de las matemáticas.

Cinco competencias básicas

Siempre que enseñemos matemáticas, es esencial que tengamos presentes cinco competencias, tanto cuando planifiquemos una clase como cuando evaluemos los progresos del alumno. Las cinco competencias son:

- Metacognición
- Sentido numérico

- Visualización
- Generalización
- Comunicación

Aquí no hay ninguna jerarquía específica, y cada competencia se superpone a las demás. Todas tienen la misma importancia.

Metacognición

El estudio de Rose (2009) define la *metacognición* como «un término utilizado para describir la comprensión de los propios procesos de aprendizaje». Otra expresión muy utilizada para describir la metacognición es «pensar sobre el propio pensamiento». En esencia, se trata de la comprensión de cómo usted, como individuo, aprende mejor.

¿Por qué es tan importante la metacognición?

Comprender cómo se aprende puede ser muy motivador para un alumno con dificultades. El alumno puede elegir formas de trabajar que sabe que le irán mejor que otras y seleccionar métodos que sean más eficientes y eficaces para él. A menudo, los alumnos con discalculia y dificultades de aprendizaje se acercan a las matemáticas de una manera muy procedimental. En algún momento, se les habrá enseñado un método que funciona y lo aplicarán independientemente de la situación o de si ese método es apropiado.

Por ejemplo, cuando se presenta el cálculo 1001 – 999, un enfoque procedimental sería hacer una resta de columnas:

$$1001$$
$$- 999$$

Esto implicará un cálculo interminable y completamente innecesario. Un alumno con conciencia metacognitiva analizará el problema y se parará a pensar antes de intentar resolverlo. Barajará distintas formas de resolver el problema y escogerá la estrategia más adecuada. Los docentes pueden facilitar el desarrollo de las habilidades metacognitivas formulando preguntas a los alumnos y animándolos a que se cuestionen a sí mismos. En los años ochenta, Schoenfeld llevó a cabo un experimento que demostró que los alumnos obtenían mejores resultados si se hacían preguntas sencillas del tipo: «¿Qué estoy haciendo ahora mismo?» y: «¿Por qué lo estoy haciendo?».

Fases en la metacognición

Hay tres fases distintas en la metacognición: planificar, revisar y evaluar.

Fase de planificación

No nos queda otra que animar a los alumnos con discalculia y dificultades de aprendizaje de las matemáticas a que se detengan, piensen y elaboren un plan antes de embarcarse en un cálculo. No estoy diciendo que esto sea fácil y ni que les resulte natural, pero, con el tiempo, cuando se den cuenta de que esta fase de planificación les está facilitando la vida, formará parte de su enfoque diario de las matemáticas.

Parte de la fase de planificación consiste en hacerse algunas preguntas. Por ejemplo:

- ¿Qué me pide la pregunta?
- ¿Qué es lo primero que debo hacer?
- ¿Había visto antes un problema como este?
- ¿Qué estrategias funcionaron para ese problema?
- ¿Puedo aplicarlos aquí?
- ¿Dónde puedo solicitar ayuda?
- ¿Necesito algún manipulativo para que me ayude?
- ¿Puedo dibujar un diagrama?

Puede ser útil dar a los alumnos una lista de preguntas de este tipo para recordarles que piensen antes de iniciar la resolución de un problema. Una vez que los alumnos se hayan decidido por un plan de acción, pueden empezar a resolver el problema y pasar a la siguiente fase, la de revisión.

Fase de revisión

Ahora, el alumno debe examinar sus progresos. Esto pasa por hacerse preguntas como las siguientes:

- ¿Funciona el plan?
- ¿Cómo me está yendo?

— ¿Funciona esta estrategia?
— ¿Qué otros métodos podría utilizar?
— ¿Me estoy acercando a la respuesta?

¿He optado por la mejor estrategia?
Con frecuencia, los alumnos con discalculia son reacios a probar nuevos métodos. Y todavía son más reacios a aplicar sus propias ideas, por cuanto carecen de la confianza necesaria para seleccionar un método adecuado. Si se les anima a revisar, tendrán la oportunidad de cambiar su enfoque y probar métodos distintos y, más adelante, podrán reflexionar sobre qué método ha sido el más eficaz y eficiente.

Por ejemplo, al restar 999 de 1001, pueden decidir utilizar una recta numérica en lugar de la resta en columnas y contar dos a partir de 999 para llegar a 1001. Pueden decidir modelizar 1001 utilizando la base 10 y entonces «ver» que 999 es dos menos que 1001.

Cuanto más expongamos a los alumnos a una variedad de métodos, mayor será su repertorio de enfoques. Requiere tiempo y paciencia, pero merece la pena, ya que alejará a los alumnos de procedimientos largos e innecesarios y los acercará a un enfoque más eficaz basado en el razonamiento. Esto les ahorrará mucho tiempo y esfuerzo en el futuro.

Una vez resuelto el problema, los alumnos pueden pasar a la fase de evaluación.

Fase de evaluación
Ahora los alumnos deben reflexionar sobre la eficacia o eficiencia de su planteamiento. De nuevo, pueden plantearse preguntas como las que siguen:

— ¿He resuelto el problema?
— ¿He utilizado la estrategia más eficaz?
— ¿Podría haber hecho algo mejor?
— ¿Había algo que no entendía?
— ¿Podría aplicar lo que he hecho aquí a otros problemas en el futuro?

Es posible que deseen comparar su enfoque con los enfoques utilizados por sus compañeros y debatir sobre lo que han hecho. Es una buena oportunidad para que intenten explicar lo que piensan y para que escuchen las explicaciones de otros alumnos. De este modo, reforzarán sus conocimientos matemáticos y desarrollarán su lenguaje matemático.

¿Cómo podemos ayudar a los alumnos a desarrollar su conciencia metacognitiva?

Los alumnos con discalculia pueden ser renuentes a cuestionarse a sí mismos, por lo cual los podemos ayudar estimulándolos en cada una de las tres fases.

Podemos discutir las estrategias con ellos y dejar que escriban sus ideas o estrategias, si lo desean. Podemos pedirles que evalúen su enfoque una vez resuelto el problema y que valoren su eficacia. También debemos asegurarnos de que les damos tareas que se prestan a múltiples enfoques.

Seguidamente, expongo algunas preguntas que ayudarán a los alumnos a reflexionar aún más a fondo sobre cómo se acercan a las matemáticas y cómo podrían mejorar.

Preguntas que ayudan a tomar conciencia de cómo aprenden

- ¿Qué has aprendido?
- ¿Cuál crees que era el objetivo del problema de hoy?
- ¿Cómo lo has aprendido?
- ¿Has encontrado alguna cosa muy difícil?
- ¿Has encontrado alguna cosa muy fácil?
- ¿Cómo has hecho esta tarea?
- ¿Qué equipo has usado como ayuda?
- ¿Te ha ayudado hablar del problema?
- ¿Te ha ayudado dibujar un diagrama?
- ¿Qué otra cosa podrías haber hecho?

Preguntas que ayudan a tomar conciencia de las actitudes y los sentimientos serían

- ¿Qué te ha gustado de resolver este problema?
- ¿Qué tenía de bueno el problema?
- ¿Ha habido alguna parte del problema que no te haya gustado? ¿Por qué?
- ¿Adónde podrías haber acudido en busca de ayuda?

Preguntas que ayudan a desarrollar la conciencia de fijar objetivos

- ¿Podrías haber hecho algo mejor?
- ¿Podrías haber utilizado un método más eficaz?
- ¿En qué te gustaría trabajar ahora?
- ¿Qué te ayudará a alcanzar su próximo objetivo?

Desarrollar la conciencia metacognitiva beneficiará a todos los alumnos de la clase, si bien, especialmente, a los que tienen dificultades. En general, la conciencia metacognitiva se desarrolla en torno a los ocho años, pero se pueden emplear estas preguntas con alumnos más jóvenes para ayudarlos a ver que suele haber múltiples enfoques y que algunos son más eficaces que otros. La metacognición depende de la capacidad para tomar decisiones, y esta es una parte clave del sentido numérico.

Sentido numérico

El sentido numérico es nuestra capacidad para ser flexibles con los números y comprender cómo se relacionan entre sí.

Puede considerarse una «buena intuición» sobre los números y sus relaciones. Se desarrolla gradualmente como resultado de explorar los números, visualizarlos en diversos contextos y relacionarlos de formas que no están limitadas por los algoritmos tradicionales. (Howden, 1989)

El sentido numérico es:

- La conciencia y la comprensión de qué son los números.
- Sus relaciones.
- Su magnitud.
- El efecto relativo de operar sobre los números.
- Incluido el uso de las matemáticas mentales y la estimación.
(Fennell y Landis, 1994)

Los alumnos con un sentido numérico pobre confían en el aprendizaje memorístico y en la aplicación de procedimientos. Rara vez recurren al razonamiento y la generalización cuando se enfrentan a tareas matemáticas. Por ejemplo, un niño con un buen sentido numérico vería 29 + 30 + 31 como 3 × 30, ya que es una forma más rápida de obtener la respuesta. En cambio, otro con un sentido numérico poco desarrollado no vería la relación entre estos números y, probablemente, seguiría el procedimiento estándar de sumar columnas. Los alumnos que no tienen un buen sentido numérico están siguiendo una versión mucho más difícil de las matemáticas. De hecho, se hallan en una situación de doble desventaja, dado que a sus dificultades con las matemáticas le suman el hecho de aferrarse a una versión más complicada de estas.

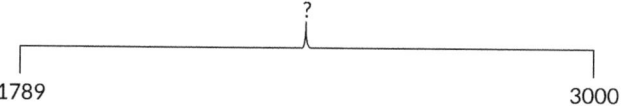

Pensemos en cómo calcular 3000 – 1789. ¿Qué estrategias se podrían utilizar? ¿Es la resta en columnas la mejor opción?

La mayoría de los alumnos encontrarán la respuesta mediante una resta en columnas, pero podemos utilizar nuestro sentido numérico para simplificar este problema. Cuando restamos un número de otro, estamos hallando la diferencia entre los dos números. En otras palabras, estamos buscando la distancia entre estos dos números si estuvieran colocados en una recta numérica.

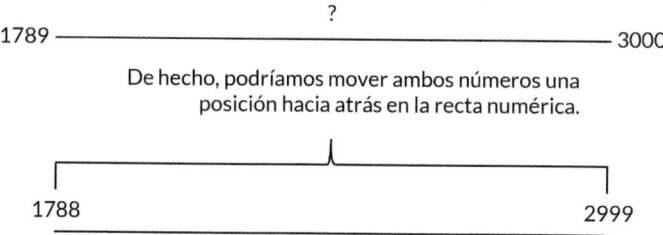

De hecho, podríamos mover ambos números una posición hacia atrás en la recta numérica.

Ahora el cálculo es 2999 – 1788 y parece mucho más sencillo. Así que este pequeño paso, basado en nuestra comprensión de la resta, ha eliminado la dificultad del problema.

Cómo desarrollar el sentido numérico

El sentido numérico se desarrolla jugando con los números y descubriendo lo que se puede y lo que no se puede hacer. Cometer errores y aprender de ellos forma parte del proceso, como lo es probar nuevas ideas y métodos. Se pueden distinguir dos habilidades importantes que ayudarán al alumno a desarrollar el sentido numérico: la estimación y la flexibilidad.

Tratamiento y estimación de magnitudes

La estimación es una habilidad clave en matemáticas. Los alumnos con dificultades de cálculo de magnitudes tendrán problemas con la estimación, lo cual repercutirá en el seguimiento de su aprendizaje de las matemáticas, ya que no se percatarán de los errores que hayan cometido. Los alumnos que tienen dificultades con las matemáticas son reacios a desarrollar sus habilidades de estimación, no solo porque les cuesta, sino también porque lo consideran un cálculo extra e innecesario. Sin embargo, cuanto más ayudemos a los alumnos a mejorar esta habilidad, más desarrollado estará su sentido numérico y más probabilidades tendrán de reconocer cuándo han cometido un error. La capacidad de estimación y la apreciación de la magnitud pueden desarrollarse muy pronto comparando pilas de fichas o cubos.

Actividad

Coloque dos montones de fichas o cubos en dos cuencos idénticos. Lo ideal es utilizar fichas o cubos del mismo color y tamaño, de modo que la única variación sea la cantidad numérica, por lo cual el alumno no se distraerá con ninguna otra variable.

Empiece con muy pocos elementos en un cuenco y una cantidad mucho mayor en el segundo. Hable con el alumno sobre qué cuenco tiene más y cuál menos.

Ahora disminuya gradualmente la diferencia de cantidad entre los dos cuencos, hasta que cada uno tenga la misma cantidad. Háblele de cómo puede averiguar qué cuenco tiene más. ¿Cómo pueden averiguar si ambos cuencos tienen el mismo número de objetos? Anime al alumno a emparejar los objetos uno a uno para cantidades más pequeñas o a contar en grupos de cinco o diez para cantidades mayores. El debate sobre las estrategias para contar que pueden elegir es fundamental en este caso.

Cuando se sientan más seguros comparando conjuntos, puede introducir la comparación de conjuntos de objetos de distinto tamaño. Por ejemplo, tres bolas grandes comparadas con diez canicas. ¿Qué cuenco tiene más? Esto ayudará al alumno a centrarse en la cantidad numérica más que en el tamaño físico.

Una vez que el alumno haya adquirido experiencia en la comparación de conjuntos, puede pasar a la estimación. Esta vez solo tendremos un conjunto de objetos, pero han de ser idénticos. Empiece con no más de 20 objetos y pregunte al alumno si puede adivinar cuántos hay. Si da una respuesta «disparatada», pídale que cuente dos o tres objetos y que observe el espacio que ocupan. A continuación, pregúntele si ahora puede hacer una estimación más precisa a partir del espacio que ocupan tres elementos. Cuando haga una estimación razonable, puede pasar a cantidades mayores e introducir el conteo en grupos de cinco o diez para ayudarlo a comprobar sus estimaciones.

Otra habilidad importante es ser capaz de trabajar con rectas numéricas: visualizar rectas numéricas y colocar números correctamente en rectas numéricas en blanco. Esto ayudará al alumno a apreciar la relación entre un número y otro y a desarrollar su sentido de la magnitud. En los primeros años, al colocar los números en una recta numérica, los niños suelen agrupar los números sobre todo a la izquierda y no los espacian uniformemente. Pueden hacer algo parecido a esto:

| 0 | 1 2 3 4 5 | 6 | 7 | 8 9 10 |

Para ayudar a comprender el valor numérico de los números del 0 al 10 y cómo se relacionan entre sí, podemos utilizar los marcos de cinco y de diez.

Marco de cinco

Un marco de cinco no es más que una cuadrícula con cinco casillas. Los números pueden representarse colocando fichas o cubos en la cuadrícula.

Marco de diez

Los marcos de diez son cuadrículas de 2 × 5 utilizadas para representar los números del 0 al 10.

Actividad

Para ayudar a los alumnos a desarrollar su comprensión de las magnitudes numéricas, podemos pedirles que coloquen fichas en el marco.

Empiece dando al alumno tres fichas y pídale que las coloque en un marco de cinco.

Explore distintas maneras de colocar las fichas. Pregunte al alumno qué le dice cada disposición sobre el número 3.

Discutiendo las disposiciones, el alumno descubrirá la conservación de 3 (3 es 3 esté como esté dispuesto) y también la forma en que se compone 3, por ejemplo 1 + 1 + 1 o 2 + 1. Cada disposición nos muestra, asimismo, que 3 es menor que 5 y que siempre es 2 menos que 5, ya que hay 2 espacios. Esto ayuda a asimilar la magnitud del 3 en comparación con el 5.

Seguidamente, entregue al alumno una recta numérica, ya sea en una pizarra blanca o en un trozo de papel, con los números 0, 5 y 10 marcados, y pídale que intente situar el 3 en la recta numérica. Debería poder apreciar mejor dónde «vive» el 3 en comparación con el 5. Si sigue teniendo problemas, repita la tarea con los marcos de 5 y de 10 y utilice las casillas en lugar de líneas numéricas, como se muestra en la imagen. Las casillas numéricas son más fáciles de trabajar que las rectas numéricas, puesto

TODO SOBRE LA DISCALCULIA

que son una representación discreta en vez de continua. En un recorrido diseñado por medio de casillas, el número después del 3 es el 4 y no hay nada en medio. En una recta numérica, en contraste, hay infinitos números entre el 3 y el 4 (3,002, 3,5672, etc.).

0				5				10

Repita este proceso para los números hasta el 5 y luego introduzca un marco de diez para los números hasta el 10.

Redondear

Otra habilidad fundamental a la hora de estimar es la capacidad para redondear números. En lugar de limitarse a aprender que cinco o más redondea hacia arriba y menos de cinco hacia abajo, puede utilizar un diagrama como ayuda. Este diagrama ha sido utilizado por Steve Chinn.

Estimación: a la centena más próxima

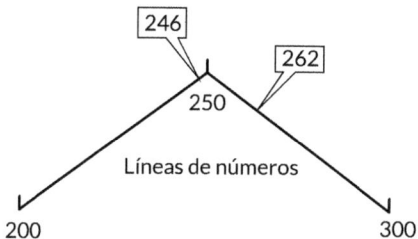

La estimación es una habilidad clave.

Las líneas en zigzag se marcan en múltiplos de 50 (o en lo que corresponda según el tamaño del número con el que se trabaje). El número a redondear se coloca en el zigzag en función de su tamaño y sigue por la pendiente para apuntar el número al que se redondea.

Saber redondear ayuda a los alumnos a desarrollar un sentido de la «razonabilidad» cuando observen la respuesta a un cálculo. ¿Está la respuesta correcta cerca de su estimación? A los alumnos con dificultades para procesar y estimar magnitudes les costará redondear con un grado de precisión adecuado. Tienden a ser demasiado precisos. Por ejemplo, al sumar 1089 a 8012, es posible que redondeen a la decena más próxima en lugar de a la milésima más próxima. Cuanto más practiquen el redondeo y la estimación, mejor será su sentido de valoración de lo que razonable.

Flexibilidad

Una persona con un buen sentido numérico es flexible en su forma de trabajar con los números. Dispone de una serie de enfoques y estrategias en su caja de herramientas matemáticas y selecciona el más eficiente o ajusta los números para facilitar el cálculo. Ya hemos visto que es mucho más fácil restar 1788 a 2999 que restar 1789 a 3000. Es esta flexibilidad la que permite a los alumnos con un buen sentido numérico seguir la versión más sencilla de las matemáticas.

Entender cómo se pueden dividir los números en partes y cómo se pueden combinar nos proporciona flexibilidad y opciones a la hora de calcular. La comprensión de las cuatro operaciones también es clave. Por ejemplo, saber que la suma y la resta son operaciones inversas, o que la suma y la multiplicación son operaciones conmutativas, pero que la resta y la división no lo son. Se trata de saber qué podemos y qué no podemos hacer con los números y, sobre todo, cuándo hay que hacerlo.

Visualización

La visualización es nuestra capacidad para formarnos una imagen mental de las matemáticas con las que estamos trabajando. Albert Einstein dijo: «Si no lo veo, no lo entiendo».

De acuerdo con la Open University:

> La imaginación es una poderosa fuerza de percepción y comprensión. Ser capaz de «ver» algo mentalmente es una metáfora habitual para comprenderlo. Una imagen puede ser una forma geométrica, un gráfico o un diagrama, un conjunto de símbolos o un procedimiento.

La visualización es, en gran medida, el elemento pictórico del enfoque concreto, pictórico y abstracto de la enseñanza de las matemáticas. Es el puente que une las representaciones concreta y abstracta y, sin ella, los alumnos pueden quedarse atascados en la fase concreta, o bien pasar a la fase abstracta demasiado deprisa y sin profundidad de comprensión. Jerome Bruner propuso el enfoque concreto, pictórico y abstracto (CPA) en 1966. En su opinión, la naturaleza abstracta de las matemáticas es un «misterio» para muchos alumnos, por lo cual era necesario crear un andamiaje con representaciones concretas y pictóricas de las matemáticas.

Como ejemplo de la relevancia de la visualización, creemos una secuencia sumando números impares consecutivos:

1
1 + 3
1 + 3 + 5
1 + 3 + 5 + 7

Y así sucesivamente.
Esto genera la siguiente secuencia.

1   4   9   16   25   36   49

¿No nos resultan familiares estos números? Por supuesto, son los números cuadrados.

Todo esto está muy bien, pero ¿por qué se produce este fenómeno? ¿Por qué la suma de números impares consecutivos crea números cuadrados?

Es difícil de entender y aún más de explicar sin un diagrama. Pero con un diagrama, una vez podemos «ver» el problema, todo cobra sentido.

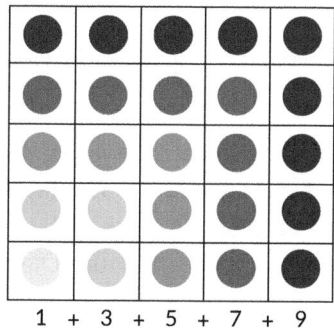

1 + 3 + 5 + 7 + 9

También plantea la pregunta de qué sucede si creo una secuencia similar utilizando números pares. Hay dos preguntas que siempre hago en una clase de matemáticas:

— ¿En qué te fijas?

— ¿Qué te preguntas?

En este ejemplo, observamos que la suma de números impares consecutivos produce la secuencia de números cuadrados. Lo que nos preguntamos es por qué y qué pasa cuando sumamos números pares consecutivos. La pregunta: «¿en qué te fijas?» empuja a los niños a buscar patrones y conexiones y a explorar lo que tienen delante. La pregunta: «¿qué te preguntas?» los anima a pensar con originalidad y a generalizar sus conocimientos.

Si en una clase de matemáticas solo se pudieran hacer dos preguntas, estas serían las que habría que elegir.

Cómo enseñar visualización

La capacidad de visualización empieza a desarrollarse a través del juego incluso antes de que los alumnos lleguen la edad escolar. Jugar con materiales concretos, como bloques de construcción, forma parte del desarrollo de la visualización. Ramful y Lowrie (2015) descubrieron que los niños poseen mejores habilidades de visualización que las niñas, en gran parte debido al tiempo que pasan con juegos de construcción. Todos los alumnos utilizan la textura y el tacto para conectar con el cerebro. Podemos mediar en el desarrollo de la visualización formulando preguntas como las siguientes:

— ¿Te lo puedes imaginar?

— ¿Te puedes hacer una imagen de ello?

— ¿Puedes ver el patrón de puntos del cinco en el patrón de puntos del diez?

Si los alumnos disponen de una amplia variedad de manipulativos, pueden usarlos para modelizar las matemáticas y desarrollar su capacidad de visualización. Algunos ejemplos de manipulativos especialmente útiles son: marcos de diez, fichas bicolores, bloques Dienes, varillas Cuisenaire. En los dos próximos capítulos de este libro se estudiará su utilización.

También conviene recordar que los dedos son una forma estupenda de representar los números. El hecho de que utilicemos un sistema de base 10 tiene su origen en que ¡tenemos diez dedos!

Berteletti y Booth (2015) estudiaron el área somatosensorial de los dedos en el cerebro, que se utiliza para la percepción y representación de los dedos. Esta área se ilumina cuando hacemos matemáticas, aunque no estemos usando los dedos. Otras investigaciones han descubierto que la representación dactilar predice la capacidad matemática futura, de modo que, cuanto más desarrollen los alumnos la representación dactilar, mejor preparados estarán para visualizar las matemáticas más adelante.

La representación mediante los dedos puede desarrollarse recurriendo a canciones infantiles que impliquen contar con los dedos. También puede montar actividades más específicas, como pedir a los alumnos que utilicen los dedos para hacer orejas de conejo.

A continuación, pídales que representen distintos números con los dedos.

Por ejemplo, ¿pueden enseñarle el 6 usando orejas de conejo? ¿De cuántas formas diferentes pueden hacerlo?

El hecho de que no puedan ver sus dedos es la forma en que esta actividad puede desarrollar la visualización.

Generalización

> Una clase en la que los alumnos no tienen la oportunidad de generalizar no es una clase de matemáticas. (J. Mason, 1996, p. 65)

Generalizar consiste en buscar patrones y conexiones y utilizarlos para hallar una regla general. De este modo, el alumno puede aprovechar lo que sabe para averiguar algo que todavía no sabe; por ejemplo, utilizar el hecho de que 3 + 4 = 7 para calcular 7000 – 4000.

Se trata de ser capaz de transferir los conocimientos adquiridos a una situación nueva. Esta capacidad nos ayuda a dar sentido a las matemáticas y a entender las conexiones y los patrones. Los alumnos discalcúlicos presentan dificultades para generalizar ideas y conceptos, así como para transferir información de un área de las matemáticas a otra. En consecuencia, para ellos las matemáticas son una multitud de piezas individuales de información que tienen que almacenar y recordar o calcular a partir de principios básicos cada vez. Esto supone una enorme sobrecarga para su memoria de trabajo y les cuesta mucho almacenar toda esa información en su memoria a largo plazo. De ahí que muchos alumnos con discalculia aprendan algo un día y lo olviden al siguiente, lo cual puede ser muy frustrante tanto para el profesor como para el propio niño, al dar la impresión de que no está avanzando en absoluto.

Comunicación

La comunicación matemática es fundamental para que los niños progresen adecuadamente. Esta comunicación puede hacerse mediante diagramas, oralmente o por escrito.

¿Cuántas veces ha pedido a un niño que le explique el razonamiento matemático que hay detrás de una respuesta que le acaba de dar, y le ha respondido «Simplemente lo sé»? Los alumnos que responden de esta manera le están mostrando que su comprensión es superficial y que son incapaces de explicar sus procesos de pensamiento en profundidad. Esto suele ser consecuencia de una enseñanza procedimental. Es mucho más fácil enseñar solo un procedimiento que los tres componentes de una idea matemática, pero, si únicamente enseñamos el procedimiento, los alumnos solo tendrán una comprensión superficial de esa idea.

Tres componentes de una idea matemática

Existen tres componentes en una idea matemática y cada uno de ellos merece la misma importancia cuando enseñamos matemáticas.

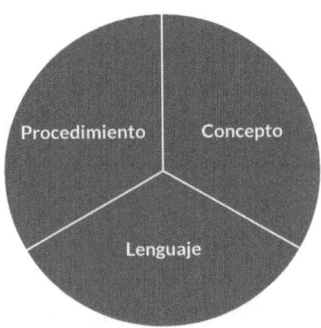

Componente lingüístico

El componente lingüístico es el vocabulario y el lenguaje que utilizamos para comunicar una idea matemática. El profesor Mahesh Sharma habla de «contenedores lingüísticos» para referirse a los conceptos que facilitan que el alumno retenga la comprensión de estos. Por ejemplo, el lenguaje de la multiplicación incluye los términos *producto, factor, multiplicador* y *multiplicando*. El concepto de *multiplicación* está intrínsecamente ligado al de *división*, ya que son operaciones inversas. Las sumas repetidas, las matrices y los modelos de área son formas de representar la multiplicación y, a su vez, pueden usarse para comprender la división. Ser capaz de describir un concepto matemático utilizando el vocabulario correcto permite al alumno comunicar su comprensión con precisión y le ayudará tanto a él como al profesor a determinar el nivel de comprensión que ha alcanzado.

En general, si un alumno tiene dificultades con una idea matemática, también tendrá dificultades para comunicarla. Los alumnos con problemas de cálculo pueden tener un bajo nivel de cálculo numérico, pero a menudo su capacidad lingüística es buena. Si desarrollamos el componente lingüístico, aprovechamos sus puntos fuertes para apoyar sus puntos débiles. Los murales con palabras matemáticas deberían estar en todas las aulas de matemáticas, y cada palabra nueva debería añadirse una vez se introduzca. Así, los alumnos ampliarán su repertorio de terminología matemática y, si se los incita a verbalizar su pensamiento y a idear sus propios problemas, practicarán y experimentarán el uso correcto de dicho vocabulario.

Componente conceptual

Se refiere a la idea matemática en sí, y se define por los procedimientos y el lenguaje asociados a ella. Por ejemplo, al combinar dos grupos, estamos demostrando el concepto de *suma*. Estamos uniendo dos partes para formar un todo. Al principio lo modelizaremos con manipulativos concretos y después nos valdremos de representaciones pictóricas, antes de pasar a la representación abstracta y simbólica. Los primeros conceptos matemáticos, como la suma, deben explorarse en profundidad y no pueden tratarse con prisas. Constituyen la base de todas las matemáticas futuras y debemos asegurarnos de que los cimientos son sólidos antes de abordar conceptos más sofisticados.

Componente de procedimiento

Acostumbra a ser el componente «favorito» en muchos enfoques pedagógicos. Es el «cómo» más que el «por qué». Si solo enseñamos el procedimiento, el alumno no tendrá una visión completa de la idea matemática. Si se olvida del procedimiento, no tendrá dónde reconstruirla.

Sharma propone que los procedimientos se enseñen mediante materiales didácticos que sean eficaces, eficientes (no basados en contar) y elegantes (que puedan generalizarse).

La importancia de preguntar

Disponga de un banco de preguntas que utilicen regularmente todos los profesores. Acostumbro a aconsejar a los centros que organicen un banco de preguntas, que todos los profesores han de hacer en las clases de matemáticas de todos los cursos. De este modo se consigue una coherencia en las preguntas y el lenguaje. Si a los alumnos se les hacen constantemente estas preguntas, acabarán interiorizándolas y se convertirán en una parte natural de su proceso de pensamiento. Las preguntas están diseñadas para fomentar un pensamiento y una comprensión más profundos, así como para alejar a los alumnos de la trampa del conteo y del pensamiento procedimental. Comparto algunas de mis preguntas favoritas, pero cada centro escolar debería crear su propio banco de preguntas.

Como ejemplos de preguntas, tenemos:

- ¿Estás seguro? ¿Cómo lo sabes?

- ¿Hay alguna otra forma de hacerlo?

- ¿Se conecta esto con alguna otra cosa?

- ¿Ves algún patrón?

- ¿Puedes inventar tu propio problema? ¿Puedes detectar el error?

- ¿Y si...?

- ¿Es siempre cierto o solo a veces?

- ¿Has encontrado todas las soluciones?

- ¿Puedes poner deberes a tus padres?

— ¿Puedes demostrarlo?

— ¿Puedes dibujarlo?

— ¿Qué recursos te ayudarían a resolver este problema? ¿Puedes simplificarlo?

— ¿Puedes explicárselo a un amigo?

Si tiene en cuenta las cinco competencias básicas cada vez que enseñe matemáticas, estará formando a alumnos que piensen matemáticamente en lugar de alumnos que sepan seguir un procedimiento. También ayudará a los alumnos de su clase que tengan dificultades con las matemáticas. Si el marco de su enseñanza incluye preguntas diseñadas para desarrollar estas cinco competencias básicas, les estará proporcionando un entorno de aprendizaje muy sólido y apropiado.

La manera más eficaz de desarrollar las cinco competencias básicas y crear un entorno de aprendizaje propicio es utilizar los manipulativos adecuados.

Manipulativos

¿Qué son?

Los materiales manipulativos son objetos que los niños pueden tocar, mover o colocar para modelizar una idea o concepto matemático. Son objetos con los que pensar y que ayudan a explorar las pautas y las relaciones matemáticas de forma concreta. Todos los alumnos necesitan tener experiencia con una amplia variedad de manipulativos, si pretendemos desarrollar en ellos una comprensión más profunda, y también porque determinados manipulativos modelizan un concepto concreto mejor que otros.

Sin embargo, muchos docentes no tienen claro cómo sacar el máximo rendimiento a los manipulativos de que disponen en sus aulas, de tal manera que muchos alumnos los utilizan como una mera muleta o herramienta para apoyar un procedimiento matemático concreto. El informe de Ofsted *Mathematics: made to measure* sugiere que, a pesar de que en algunos centros de primaria se emplean manipulativos para apoyar la enseñanza y el aprendizaje, su uso no es tan eficaz ni amplio como cabría esperar. Esto significa que los alumnos no están adquiriendo la profundidad de comprensión que podrían lograr mediante un uso más coherente y eficaz de los manipulativos.

> Los manipulativos pueden ser herramientas importantes para ayudar a los alumnos a pensar y razonar de forma más significativa. Al ofrecer a los alumnos formas concretas de comparar y operar con cantidades, manipulativos como los bloques de patrones, las fichas y los cubos pueden contribuir al desarrollo de una comprensión bien fundamentada e interconectada de las ideas matemáticas. (Stein y Bovalino, 2001)

Un punto clave es asegurarse de que sus alumnos tengan a su disposición una amplia variedad de manipulativos, y durante todo el tiempo que los necesiten. El uso de manipulativos durante largos periodos de tiempo es mucho más beneficioso que el uso ocasional o a corto plazo. Los alumnos que utilizan manipulativos con frecuencia tienden a mejorar en las siguientes destrezas:

- Utilizar el lenguaje matemático para explicar su pensamiento.
- Relacionar situaciones del mundo real con matemáticas abstractas.
- Trabajar colaborativamente.
- Pensar con más flexibilidad para dar con distintas formas de resolver los problemas.
- Desarrollar la metacognición.
- Trabajar de forma independiente.
- Ser más resistente y perseverar ante los problemas.

Un problema concreto que suelen experimentar los alumnos cuando aprenden matemáticas es que ven cada área de las matemáticas como algo separado e inconexo.

Por ejemplo, la división puede enseñarse como una resta repetida, pero los alumnos también pueden encontrarse con fracciones en términos de segmentos sombreados de un pastel y no son capaces de establecer el vínculo entre ambos conceptos. Esta compartimentación de las matemáticas puede ser muy nociva para los alumnos con dificultades y un sentido numérico pobre. Una forma de superar este problema es poner de relieve los patrones y las conexiones entre las distintas áreas de las matemáticas mediante el uso de manipulativos continuos, como los bloques de base 10 (bloques Dienes) y las varillas

Cuisenaire. Al principio, los alumnos pueden preferir trabajar con materiales discretos como fichas, cuentas o cubos, pero conviene ir más allá de estos objetos para que puedan progresar a partir del conteo en unidades. El uso de manipulativos variados ayuda a los alumnos a establecer vínculos entre las áreas de las matemáticas y captar la conexión entre diferentes áreas, en lugar de percibir temas aislados. Emplear manipulativos ayuda a los alumnos con dificultades y refuerza también a los más hábiles, pues contribuye a crear un entorno de clase más integrador y reduce la ansiedad ante las matemáticas. La idea primordial es que las matemáticas son mucho más divertidas para los alumnos si estos tienen una variedad de manipulativos a su alcance.

¿Cuál es la mejor manera de utilizar los manipulativos en el aula?

Errores comunes

- Los alumnos utilizan los manipulativos como muletas para seguir un procedimiento memorístico, en lugar de como medio para desarrollar la comprensión.
- Los profesores seleccionan un determinado tipo de manipulativo para enseñar un concepto concreto.
- Se utilizan manipulativos como complemento de una lección o como recompensa.
- Solo se usan manipulativos para los alumnos con dificultades.
- Retirar los manipulativos del aula demasiado pronto, lo cual es una de las principales causas de ansiedad ante las matemáticas, a percibirse estas demasiado abstractas y sin sentido.

Pautas para el uso de manipulativos

- Permita el juego libre, deje que los alumnos descubran por sí mismos las propiedades del manipulativo.
- Dé acceso a una amplia variedad de manipulativos para que los alumnos puedan elegir con qué quieren trabajar.
- Ponga a disposición manipulativos desde la etapa de preescolar hasta el final de primaria, y más allá, si lo considera oportuno.
- Anime a los alumnos a demostrar una idea concreta utilizando el manipulativo que hayan elegido.

- Anime a los alumnos a generalizar, demostrando un concepto con diversos manipulativos.
- Pida a los alumnos que le muestren a usted y a sus compañeros diferentes formas de resolver un problema utilizando diversos materiales.
- Asegúrese de que los manipulativos refuerzan los objetivos de la lección.
- Asegúrese de que los manipulativos representan correctamente el proceso o concepto matemático real.
- Proporcione instrucciones explícitas sobre cómo utilizar los manipulativos.
- Vaya reduciendo gradualmente su uso a medida que se vayan comprendiendo los conceptos.
- Asegúrese de que los alumnos utilizan los manipulativos para desarrollar la comprensión.
- Asocie lo concreto con lo pictórico.

Si nos centramos en las cinco competencias básicas y utilizamos diversos manipulativos, crearemos un aula favorable para los niños con discalculia, la cual beneficiará a todos los alumnos de la clase. Pero hay otras formas de ayudar a los alumnos con discalculia, que se detallan a continuación.

Crear un aula favorable para la discalculia

Se acostumbra a decir que el problema para muchos alumnos no es la asignatura en sí, sino la forma de enseñarla. Y la realidad es que podemos eliminar muchos de los obstáculos al aprendizaje creando un entorno favorable para la discalculia, cosa que beneficiará a todo el grupo, no solo a los que tienen dificultades con las matemáticas.

He aquí algunas sugerencias para crear un entorno acogedor para la discalculia.

- Utilice los manipulativos como parte de su rutina diaria en las clases de matemáticas. Disponga de una amplia gama de manipulativos, para que los alumnos puedan modelizar el problema, utilizando el manipulativo más eficaz para la tarea de que se trate. Esto también los ayudará a desarrollar su capacidad de visualización. Asegúrese de que los manipulativos estén a disposición de todos los alumnos en todo momento, eliminando, así, cualquier estigma asociado a su uso.

- Anime a los niños a seguir el enfoque concreto, pictórico y abstracto (CPA). A menudo pasamos directamente de lo concreto a lo abstracto y obviamos por completo lo pictórico, pero hemos de asegurarnos de que los niños modelizan las matemáticas de forma concreta y las representan pictóricamente antes de pasar a una representación abstracta más simbólica. Si son capaces de visualizar las matemáticas, podrán basarse en ellas cuando trabajen sin manipulativos.

- Utilice patrones de puntos para desarrollar el sentido numérico. Para empezar, lo mejor es ceñirse a un patrón hasta que el alumno se sienta seguro reconociendo los patrones de puntos de los números del 1 al 10. A continuación, puede pasar a representar los números con patrones diferentes, estimulando la generalización. Seguidamente, puede representar los números con patrones diferentes, fomentando la generalización. Puede fijarse en las similitudes entre los patrones de los dados y las fichas de dominó, o puede comparar los patrones de puntos con las fichas Numicon. Por ejemplo, ¿pueden «ver» el patrón de dados del tres en el patrón de dados del cinco?

- Haga que sus clases se basen en juegos y actividades tanto como sea posible, en lugar de hojas de ejercicios.

- Cuanto más implicado esté un alumno, más probabilidades tendrá de retener los conocimientos y la comprensión. Los juegos y las actividades también contribuyen a reducir la ansiedad ante las matemáticas.

- Asegúrese de contar hacia atrás con los alumnos con la misma frecuencia que hacia delante y no empiece siempre a contar desde el 1. Una vez que el alumno se sienta seguro con el sistema numérico del 1 al 10, puede empezar a establecer conexiones con la escala de potencias de 10. Por ejemplo, relacionando el 1-10 con el 10-100 y el 100-1000. Si el alumno capta las conexiones, será más improbable que le asusten los números más grandes.

- No dé nada por sentado. Es fácil suponer que un niño de 6.º curso domina bien el valor posicional o que conoce la multiplicar del 2, pero no podemos darlo por sentado fijándonos solamente en qué curso está. Descomponga los problemas en pequeños pasos y asegúrese de que comprenden cada uno de ellos antes de proseguir.

Esto puede exigir mucha repetición, consolidación y sobreaprendizaje.

- Fomente el uso del vocabulario matemático correcto y utilice una gama variada de términos. Por ejemplo, emplee una amplia variedad de formas de expresar «sumar». Esto ayudará al alumno a comprender el concepto cuando se le presente de distintas maneras. Ayúdelo a comunicar su comprensión verbalmente y por escrito, así como mediante el uso de diagramas.
- Dé tiempo al alumno para procesar y comprender la nueva información y no tenga prisa por llegar al nivel abstracto de pensamiento.
- Pida a los alumnos que le expliquen su razonamiento a usted y entre ellos. Esto los ayudará a desarrollar su comprensión conceptual, así como su comprensión del lenguaje matemático.
- Asegúrese de que los alumnos poseen los conocimientos previos necesarios para desarrollar el nuevo concepto; www.learningtrajectories.com es una página web estupenda para explorar las trayectorias típicas del desarrollo matemático.
- Anime a los alumnos a abordar los problemas de una forma más interactiva. ¿Hay partes que sí que entienden? ¿Qué partes no entienden? ¿Dónde pueden buscar ayuda? Promueva la idea de cuestionar lo que están haciendo en cada paso, en vez de seguir automáticamente un procedimiento sin pensar si este es el idóneo.
- Enseñe a comprender. Procure evitar el aprendizaje memorístico de las operaciones numéricas. Enseñe a los alumnos a utilizar las operaciones clave, como las tablas del 2, del 5 y del 10, para deducir nuevas operaciones.
- Permita el uso de papel cuadriculado si los alumnos tienen problemas para exponer sus cálculos.
- Proporcióneles tablas de multiplicar, tablas de sumar y tablas de 100 a fin de reducir la carga de su memoria de trabajo.
- Anime a los alumnos a trabajar en pequeños grupos para resolver un problema, en lugar de hacerlo de forma aislada.
- Compruebe con frecuencia el nivel de comprensión de los alumnos.
- Utilice tareas de umbral bajo y techo alto. https://nrich.maths.org/8769

Estas tareas están diseñadas para que sean de fácil acceso, pero se puedan explorar más a fondo. Esto puede aliviar la ansiedad matemática, ya que el niño que puede percibirse a sí mismo con dificultades en matemáticas ve que está haciendo el mismo problema que compañeros suyos a los que percibe como buenos en las matemáticas.

- Permita el uso de calculadoras para los problemas que no sean puramente de evaluación de las matemáticas mentales.

Existe una aplicación de calculadora para personas con discalculia: https://apps.apple.com/gb/app/dyscalculator/id508012847

- Utilice tarjetas de apertura para que los alumnos puedan centrarse en una pregunta cada vez.

Una tarjeta de apertura no es más que un trozo de tarjeta con una ventana recortada para que solo se pueda ver una palabra, problema o pregunta a la vez.

- Anime a los alumnos a establecer conexiones entre un hecho/concepto y otro.

  Por ejemplo, si sabes que 6 + 4 = 10, ¿qué más sabes? 60 + 40 = 100? ¿5 + 5 = 10?, etc.

- Pida a los alumnos que creen sus propios problemas de palabras.

  Por ejemplo, si la respuesta es 24, ¿cuáles podrían ser las preguntas? Escribe un problema con 24 como respuesta. O escribe un problema de sumas utilizando los números 5 y 6.

- Elogie el proceso más que el resultado. Eliminar el énfasis en obtener la respuesta correcta puede ayudar mucho a reducir la ansiedad. Cuanto más podamos centrarnos en la estrategia y en si el método elegido es útil, menor será la ansiedad por el rendimiento en matemáticas.
- Evite las tablas clasificatorias en clase y asegúrese de que solo compara los progresos del niño con sus propios resultados.
- Celebre los errores y considérelos una oportunidad positiva de aprendizaje, y no un fracaso. Exponer el «error de la semana» puede hacer que los errores formen parte de la vida, de las clases de matemáticas y algo que hay que explorar y de lo que hay que aprender, en lugar de algo que se ha hecho mal.

Resumen

- Cada tema tiene que incluir preguntas abiertas.
- Cada pregunta debe desarrollar las cinco competencias básicas:
  - Metacognición
  - Sentido numérico
  - Visualización
  - Generalización
  - Comunicación
- Proporcione una variedad e manipulativos para todos los alumnos en todas las clases.
- Asegúrese de que crea un entorno favorable para los alumnos con discalculia.

Referencias

Berteletti, I. y Booth, J. R. (2015) Perceiving fingers in single-digit arithmetic problems. *Front Psychol.*, marzo, 16(6), 226. DOI: 10.3389/fpsyg.2015.00226

Fennell, F. y Landis, T. E. (1994). Number sense and operations sense. En: C. A. Thornton y N. S. Bley (eds.). *Windows of Opportunity: Mathematics for Students with Special Needs* (pp. 187-203). Reston, VA: NCTM.

Howden, H. (1989). Teaching number sense. The Arithmetic Teacher 36(6), 6-11. https://doi.org /10.5951 /AT.36.6.0006

Mason, J. (1996). Expressing generality and roots of algebra. En: N. Bednarz, C. Kieran y L. Lee (eds.). *Approaches to Algebra: Perspectives for Research and Teaching* (pp. 65-86). Dordrecht: Kluwe.

Ramful, A. y Lowrie, T. (2015). Spatial visualisation and cognitive style: How do gender differences play out? En: M. Marshman, V. Geiger y A. Bennison (eds.). *Mathematics Education inthe Margins (Proceedings of the 38th Annual Conference of the Mathematics Education Research Group of Australasia)* (pp. 508-515). Mathematics Education Research Group of Australasia. https://core.ac.uk /download/pdf /30343425.pdf

Rose, J., Department for Children, Schools and Families (DCSF), corp creator (2009). *Identifying and teaching children and young people with dyslexia and literacy difficulties: An independent report.*

Stein, M. K. y Bovalino, J. W. (2001). Reflection s on pract ice: Manipulatives: One piece of the puzzle. Mathematics *Teaching in the Middle School*, 6(6), 356-360.

7.
Estrategias específicas para la etapa de preescolar y el primer ciclo de primaria

Ahora que hemos examinado las buenas prácticas generales, podemos empezar a centrarnos en estrategias específicas para la etapa de preescolar y los primeros cursos de primaria; en el capítulo 8 abordaremos el ciclo medio.

En el capítulo 5 vimos las etapas típicas del desarrollo de las matemáticas. Este capítulo explora estrategias específicas para ayudar a los alumnos a alcanzar estas etapas de desarrollo.

Primeros años

Clasificar y emparejar

De cara a ser capaces de detectar patrones y generalizar, los alumnos necesitan una amplia experiencia temprana de emparejamiento y clasificación. Deben ser capaces de identificar lo que es igual y lo que es diferente cuando comparar dos objetos. Para empezar, podemos pedir a los alumnos que clasifiquen una colección de objetos según un criterio específico, como el tamaño o la forma. Al principio, nos aseguraremos de que los objetos son similares en todos los aspectos, salvo en el criterio de clasificación.

Por ejemplo:

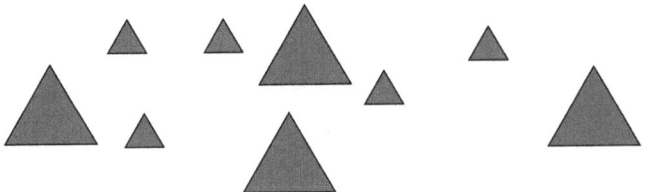

Al variar solamente un criterio, los alumnos han de que prestar atención a lo único que cambia, en este caso, el tamaño de los triángulos. Una vez que se sientan seguros ordenando de esta forma, podemos tener dos variables y los alumnos pueden ordenar los conjuntos según criterios diferentes.

Por ejemplo:

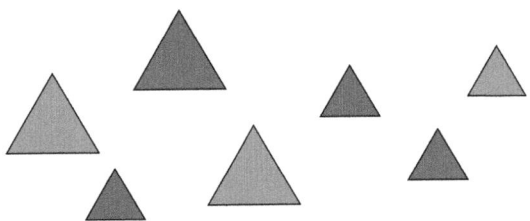

Ahora los alumnos pueden clasificar por color o tamaño. A continuación, podemos animar a los alumnos a clasificar y emparejar objetos por orientación o función.

Por ejemplo, todos los ositos boca abajo en un grupo y todos los ositos boca arriba en otro. Para emparejar por función, podemos emparejar un bate con una pelota, un huevo con una huevera, etc. Nunca se insistirá lo suficiente en la importancia de esta experiencia de clasificar y emparejar. Es la base de las matemáticas. ¿Qué es igual? ¿Qué es diferente? Es una cuestión que atraviesa las matemáticas en todas las edades y etapas.

Contar

Cuando aprendemos a contar, tenemos que desarrollar una imagen mental y una apreciación de la cantidad numérica, y luego relacionarla con el símbolo de dicha cantidad. Las áreas del cerebro responsables de esta comprensión están separadas, así que hemos de establecer en nuestro cerebro el vínculo entre cantidad y símbolo.

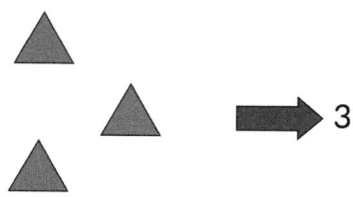

Las ideas más importantes son la progresión concreto-pictórico-abstracto (CPA) y el uso de manipulativos adecuados. En los años sesenta, Bruner propuso la idea de que los alumnos deben pasar por tres etapas (concreta, pictórica y abstracta) para comprender plenamente un concepto matemático. En pocas palabras, su modelo puede describirse así:

- *Concreto*: en el nivel concreto se utilizan manipulativos para explorar y resolver problemas.
- *Pictórico*: en el nivel pictórico se emplean imágenes, dibujos, diagramas, cuadros y gráficos como representaciones visuales de los manipulativos concretos.
- *Abstracto*: en el nivel abstracto se usan representaciones simbólicas para representar y resolver el problema. Esta es la base de algunos de los métodos más exitosos de enseñanza de las matemáticas, incluido el enfoque de Singapur y el enfoque utilizado por investigadores como, por ejemplo, el profesor Sharma, para ayudar a los alumnos con discalculia. Sin una experiencia concreta y pictórica de un concepto matemático, los alumnos trabajarán solo a un nivel abstracto, que es inaccesible para los alumnos con discalculia y también un nivel de comprensión muy superficial y frágil.

Incluso dentro de la propia progresión CPA existe un subconjunto dentro de la fase concreta. Nos referimos a ella como concreta concreta, concreta pictórica y concreta abstracta.

Cuando empezamos a enseñar a los alumnos a contar, lo mejor es utilizar objetos reales. Por ejemplo, manzanas reales, todas ellas lo más parecidas posible entre sí. Esta es la etapa concreta, ya que utilizamos objetos reales.

Seguidamente, podemos pasar a la representación pictórica concreta, en la cual representamos cantidades con imágenes de manzanas. Estas pueden estar en una tarjeta para que el alumno pueda cogerlas, convirtiéndolas, así, en elementos pictóricos concretos. Después, el alumno puede pasar a la fase abstracta concreta. Aquí el alumno tendrá un objeto concreto que no se parece a una manzana; por ejemplo, un cubo. Yo optaría por que el objeto concreto fuera del mismo color que el objeto original para que el alumno pudiera centrarse en la progresión desde la representación de una manzana como una imagen de una manzana hasta un objeto abstracto que estamos utilizando para representar la manzana.

Cuando la información se presenta en un libro, se trata, naturalmente, de una representación pictórica. No obstante, podemos seguir la progresión de lo pictórico a lo abstracto, como se muestra en los siguientes diagramas.

Este diagrama representa los números del 0 al 10 utilizando imágenes de manzanas del mismo color que una manzana.

	0	Cero
	1	Una
	2	Dos
	3	Tres
	4	Cuatro
	5	Cinco
	6	Seis
	7	Siete
	8	Ocho
	9	Nueve
	10	Diez

Ahora podemos representar los números del 0 al 10 utilizando una representación abstracta de una manzana, pero siempre del mismo color, aunque no sea uno realista para esta fruta.

	0	Cero
	1	Una
	2	Dos
	3	Tres
	4	Cuatro
	5	Cinco
	6	Seis
	7	Siete
	8	Ocho
	9	Nueve
	10	Diez

A partir de aquí, podemos utilizar la misma representación abstracta, pero variando la visualización del número si queremos introducir 10 casillas.

	0	Cero
	1	Una
	2	Dos
	3	Tres
	4	Cuatro
	5	Cinco
	6	Seis
	7	Siete
	8	Ocho
	9	Nueve
	10	Diez

En el caso de los alumnos con discalculia, es posible que necesiten recorrer esta progresión con cuidado y repetidamente. Si la primera representación que se les presenta es un dibujo en un libro, se han perdido varias etapas que pueden haber sido vitales para su comprensión del concepto.

En el capítulo 5 analizamos las habilidades que deben adquirir los alumnos para contar con fluidez y comprender nuestro sistema numérico. Una vez más, se trata de algo que no se puede hacer a toda prisa. Puede resultar difícil para los profesionales apreciar lo complejo que es aprender a contar, puesto que lo hacemos de forma automática, sin pensar ni esforzarnos en absoluto.

Una actividad que puede resultar especialmente útil en este caso es que los alumnos hagan colecciones de objetos. Tienen que contar incidentalmente como parte de la vida cotidiana, cuando cantan rimas infantiles o cuentan las escaleras al subirlas y bajarlas. También han de contar conjuntos para saber cuántos hay; por ejemplo, ¿cuántos peluches hay en el picnic?, ¿cuántas manzanas en el cuenco? La idea aquí es hacer que este conteo natural sea un poco más dirigido y centrado. Los alumnos pueden trabajar en parejas para compartir su conteo de diferentes colecciones de objetos y practicar, así, la experiencia de planificar, contar y registrar. Una vez que todas las parejas de alumnos hayan completado su colección, se pueden compartir las estrategias y los profesores pueden decidir modelizar estrategias específicas.

En cuanto a los recursos, necesitará recipientes para los objetos, como cajas, cuencos o tarros. Cada uno de ellos debe estar etiquetado con el número de objetos que contiene. Asegúrese de tener un recipiente vacío para el cero. Es posible que desee etiquetar del 1 al 5 en un color y del 6 al 10 en otro, sobre todo si utiliza marcos de cinco y diez para apoyar el conteo. También puede poner los números pares en un color y los impares en otro, dependiendo del aspecto de nuestro sistema de conteo que se pretenda destacar.

Para empezar, los objetos de los recipientes pueden ser idénticos, pero luego habrá que variar los elementos con un criterio nuevo cada vez hasta tener un recipiente con objetos completamente distintos. Esto ayudará a los alumnos a pasar de los principios de correspondencia 1:1 y cardinalidad a la abstracción. Los objetos de los contenedores pueden ser cualquier cosa que esté fácilmente disponible dentro y fuera del aula, pero es mejor evitar objetos que distraigan, como coches, piezas de Lego o pelotas.

Los alumnos necesitarán material que los ayude a contar. Puede tratarse de marcos de cinco y diez para colocar los objetos o, simplemente, de cuencos o tazas para poner los objetos 1:1. Puede proporcionar tarjetas numéricas y nombres de números para que los alumnos etiqueten los objetos que han contado y los comprueben con el recipiente original.

Las parejas de alumnos ahora pueden elegir un recipiente y planificar cómo van a contar. Pueden elegir marcos de diez o cubiteras, o pueden contar por turnos. De ellos depende explorar las distintas formas de contar y decidir cuál es la más eficaz.

Puede apoyar el desarrollo de los principios de conteo por medio preguntas como las que siguen:

– ¿Cómo sabes que has contado todos los artículos?

– ¿Has contado cada artículo una sola vez? ¿Cómo lo sabes?

– ¿Importa por qué elemento se empieza a contar?

– ¿Siempre tienes que empezar a contar por el 1? ¿Por qué?

– ¿Sabes contar de dos en dos o de cinco en cinco (para cuando los conjuntos son más grandes)?

– ¿Puedes estimar cuántos artículos hay?

Ahora los alumnos han de decidir cómo van a registrar sus conteos. Pueden hacer un dibujo de los objetos contados o utilizar marcas para representar cada uno de ellos. Es importante que sean capaces de decidir por sí mismos cómo quieren anotar esta información y que luego puedan comparar sus ideas con las de sus compañeros.

Patrones de puntos

Tras contar colecciones de objetos, los alumnos pueden centrarse en cómo pueden representarse los números. Esto los puede ayudar a comprender los números y a desarrollar principios de conteo como la cardinalidad, la correspondencia 1:1 y la conservación del número.

Patrones numéricos
Existen muchas disposiciones diferentes de puntos que podemos utilizar para representar números. Cada disposición nos dice una cosa diferente acerca de nuestro sistema numérico. Al principio, no importa qué disposición elijamos para trabajar, siempre y cuando seamos constantes en el uso de dicha disposición hasta que el alumno haya comprendido nuestro sistema numérico y pueda reconocer las disposiciones del 0 al 10. Una vez que esté seguro de reconocer la cantidad hasta el 10, podemos empezar a introducir los puntos. Cuando el alumno se sienta seguro reconociendo la cantidad hasta el 10, podemos empezar a introducir diferentes representaciones para generalizar su comprensión. He aquí algunos ejemplos de los diferentes patrones de puntos que se usan habitualmente.

Patrón Dorean Yeo
Dorean Yeo trabajaba en la casa Emerson de Londres y desarrolló este patrón para los números del 1 al 10. Este patrón se centra en los dobles y casi dobles. Por ejemplo, el 7 se representa como un 3 y un 4, que es casi el doble del 8 (que es el doble del 4). Se anima a los alumnos a buscar números dentro de números a fin de ayudarlos a desarrollar su pensamiento de parte/todo.

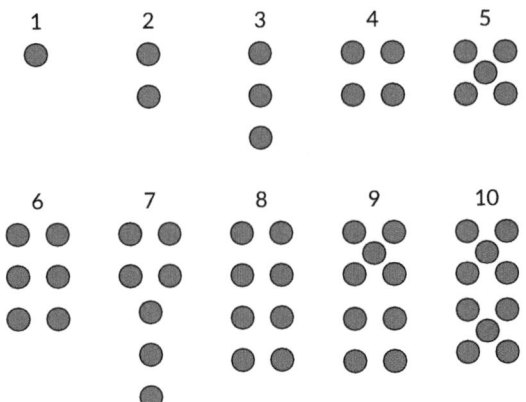

Patrones Steve Chinn

El patrón de Steve se centra en reunir 5 y añadirles otros 5 para llegar a 10. Este patrón encaja bien con los dedos de la mano y también con el uso de marcos de cinco y diez.

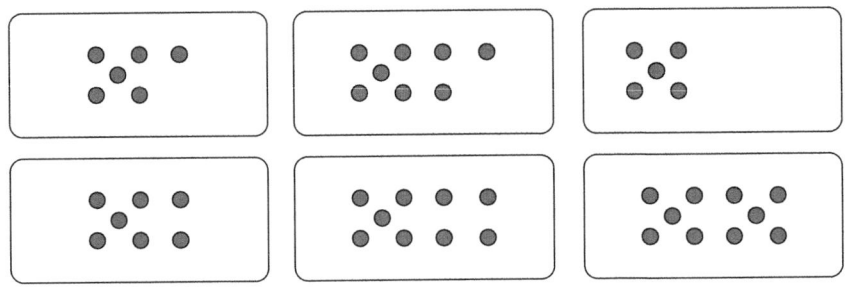

Marcos de diez

Hay dos formas estándar de rellenar un marco de diez: de cinco en cinco y de dos en dos.

- De cinco en cinco significa que primero se rellena la fila superior, antes de pasar a la inferior. Aquí tenemos el 5 representado de este modo:

- De dos en dos quiere decir que se rellena el marco columna a columna de izquierda a derecha. Aquí tenemos el 5 representado por parejas:

Numicon

Numicon es un producto comercial que se utiliza habitualmente en las escuelas de primaria. Como se aprecia, se trata, esencialmente, de una representación por pares de los números del 0 al 10.

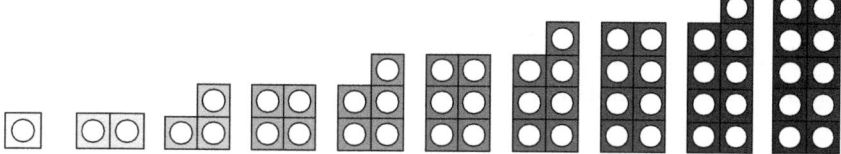

Dominós

Las fichas de dominó ofrecen de nuevo una representación diferente del número y resultan especialmente útiles si se trabaja con dobles. También van bien para generalizar la representación de un número concreto, ya que existen múltiples formas de mostrar cantidades numéricas.80

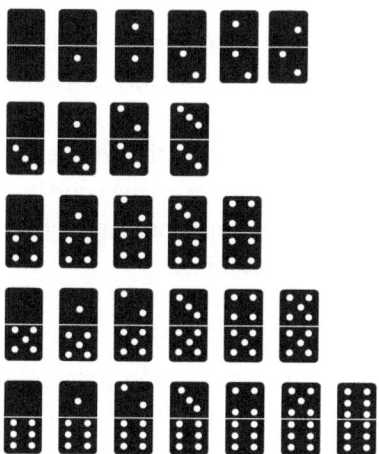

Pasar del conteo al pensamiento parte/todo

Cuando combinan dos conjuntos de elementos, los alumnos primero los «cuentan todos» y, a continuación, pasan a la estrategia de «conteo sucesivo». Pueden ver que hay cinco elementos en el primer conjunto, por subitización y, a continuación, contar los elementos del segundo conjunto para hallar el total. La siguiente fase de desarrollo es el pensamiento parte/todo. Para desarrollar este tipo de pensamiento, los alumnos deben pasar de la subitización perceptiva a la conceptual.

La subitización perceptiva es el reconocimiento instantáneo de una cantidad numérica sin necesidad de contarla. Normalmente, podemos reconocer instantáneamente hasta cinco elementos sin contarlos.

La subitización conceptual consiste en reconocer perceptivamente dos o tres cantidades más pequeñas de elementos y sumarlas para formar un todo.

Antes de pasar a la subitización conceptual, hay que asegurar que el niño es capaz de subitizar perceptivamente, haciendo la siguiente actividad.

Subitización perceptiva

Muestre al alumno imágenes de patrones de puntos u otras representaciones de números. Mantenga los números por debajo del 5. Pídale que diga de forma inmediata el número representado. Evite que se use el conteo de palabras. Cuando muestre la imagen, pregúntele cuántos puntos/líneas/dedos, etc., puede ver.

Es importante asegurarse de que solo muestra la imagen durante, aproximadamente, un segundo. Si dura más, los alumnos tendrán la oportunidad de contar.

Utilice diversas representaciones de un mismo número. El alumno tiene que apreciar la cantidad numérica más que la forma en que está representada. Disponer de múltiples representaciones ayudará al alumno a generalizar y establecer conexiones.

Juego de parejas

Para variar la práctica de la subitización perceptiva, puede jugar a un juego de parejas. Forme dos grupos de ocho tarjetas. En el primero, los números pueden representarse con marcos de diez y, en el segundo, con los dedos (puede elegir cualquier representación con la que desee que trabajen los alumnos; lo importante es que tenga ocho o más pares iguales). Baraje las tarjetas y colóquelas boca abajo en una cuadrícula de 4 × 4. Los jugadores tienen que dar la vuelta a las cartas de dos en dos. Si hay un par que coincide, esas cartas se entregan al jugador y llega el turno del siguiente jugador. Si no coinciden, las cartas se vuelven a colocar boca abajo en su lugar original. Gana quien reúne más parejas. También es un juego excelente para fortalecer la memoria visual. Una vez que los alumnos hayan tenido suficiente experiencia con una amplia gama de representaciones hasta cinco se puede pasar a la subitización conceptual.

Subitización conceptual

En el caso de los números superiores a cinco, los alumnos pasarán de la subitización perceptiva a la conceptual. Ambas se distinguen en que la perceptiva constituye un reconocimiento instantáneo de cantidades hasta el 5, mientras que la perceptiva consiste en reconocer dos conjuntos más pequeños y ser capaz de combinarlos para reconocer cantidades a partir del 6. La sublimación conceptual es la base del pensamiento parte/todo y aleja al alumno de las estrategias de conteo.

Empiece con imágenes que resulten más reconocibles al instante y presenten un patrón fijo. Por ejemplo:

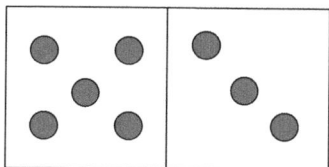 mejor que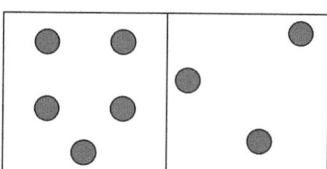

Puede variar la imagen utilizando cuadrados en lugar de puntos, o incluso imágenes de objetos reales. Para empezar, limítese a un patrón: por ejemplo, patrones de dados o Numicon. De hecho, es irrelevante el patrón que elija, siempre que lo mantenga hasta que el alumno empiece a subitizar conceptualmente, esto es, hasta que sepa combinar dos conjuntos más pequeños. Una vez que el alumno se sienta seguro con la subtitulación conceptual y pueda combinar dos cantidades sin tener que contar cada uno de los elementos, introduzca diferentes patrones antes de pasar a los patrones aleatorios. Por ejemplo, podría haber empezado con Steve Chinn's y luego pasar a Numicon. O podría haber utilizado marcos de diez de cinco en cinco y luego haber pasado a marcos de diez de dos en dos.

Asegúrese de preguntar al alumno cómo sabe cuántos hay en el marco. Por ejemplo, si ve 8 como un 4 y un 4 o como un 5 y un 3.

En esta imagen, el alumno puede ver un 5 y un 3 para formar un 8.

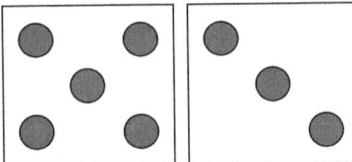

Pero ¿qué pasa con esta imagen? Pueden ver filas de 3, 2 y 3, o pueden ver diferentes agrupaciones.

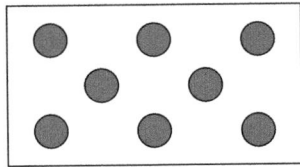

¿Y en este caso?

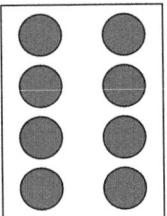

¿O este otro?

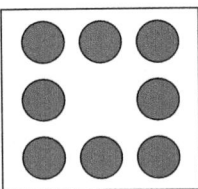

Es interesante explorar las distintas formas en las que un alumno «ve» los números, pues lo ayudará a desarrollar su sentido numérico y a comprender cómo se ha estructurado dicho número. Una vez que los niños pueden subitizar conceptualmente hasta 10, podemos asegurarnos de que pueden relacionar la cantidad numérica con el símbolo numérico.

Esto es algo que a los alumnos discalcúlicos les costará, por lo cual no hay que tener miedo a dedicar mucho tiempo a las actividades de subitización y emparejamiento.

Pares

Utilizando un conjunto de tarjetas de dígitos, anime a los alumnos a emparejar una imagen (por ejemplo, un patrón de puntos) con el dígito. Se puede jugar por parejas.

Cuando el alumno se sienta seguro a la hora de emparejar la cifra con la imagen, puede empezar a emparejar la cifra y la imagen con el nombre del número.

Ruletas de puntos

En lugar de utilizar un dado estándar para juegos de mesa, puede crear una ruleta que muestre disposiciones aleatorias de puntos, dígitos o nombres de números. Esto ayudará a los alumnos a establecer la conexión entre un símbolo numérico, una cantidad numérica y el nombre del número.

Representación parte/todo del número y construcción del sentido numérico mediante el uso de relaciones numéricas

Una vez que el alumno puede subitizar conceptualmente, se han sentado las bases para el pensamiento parte/todo. Los alumnos pueden pasar ahora a las relaciones numéricas hasta el 10. Son todas las formas en que podemos formar un número a partir de dos partes más pequeñas. Por ejemplo:

$$6 = 1 + 5$$
$$6 = 2 + 4$$
$$6 = 3 + 3$$

A menudo nos centramos en las relaciones numéricas hasta el 10, pero es igual de importante conocer las relaciones de todos los números hasta el 10, ya que esto contribuye a desarrollar el sentido numérico del niño y le permite ser flexible y eficaz en los cálculos mentales.

Se han de aprender 65 datos visuales, lo cual es una perspectiva muy desalentadora.

$1 = 0 + 1 = 1 + 0$
$2 = 0 + 2 = 1 + 1 = 2 + 0$
$3 = 0 + 3 = 1 + 2 = 2 + 1 = 3 + 0$
$4 = 0 + 4 = 1 + 3 = 2 + 2 = 3 + 1 = 4 + 0$
$5 = 0 + 5 = 1 + 4 = 2 + 3 = 3 + 2 = 4 + 1 = 5 + 0$
$6 = 0 + 6 = 1 + 5 = 2 + 4 = 3 + 3 = 4 + 2 = 5 + 1 = 6 + 0$
$7 = 0 + 7 = 1 + 6 = 2 + 5 = 3 + 4 = 4 + 3 = 5 + 2 = 6 + 1 = 7 + 0$
$8 = 0 + 8 = 1 + 7 = 2 + 6 = 3 + 5 = 4 + 4 = 5 + 3 = 6 + 2 = 7 + 1 = 8 + 0$
$9 = 0 + 9 = 1 + 8 = 2 + 7 = 3 + 6 = 4 + 5 = 5 + 4 = 6 + 3 = 7 + 2 = 8 + 1 = 9 + 0$
$10 = 0 + 10 = 9 + 1 = 8 + 2 = 7 + 3 = 6 + 4 = 5 + 5 = 4 + 6 = 3 + 7 = 2 + 8 = 1 + 9 = 10 + 0$

Se puede hacer una analogía con el aprendizaje de la lectura. El alfabeto de la lengua inglesa tiene 26 letras y 44 fonemas. Para leer, se han de conocer los sonidos de las letras y cómo se combinan. Del mismo modo, tenemos 10 dígitos que componen nuestro sistema numérico y las 65 operaciones visuales son los componentes básicos de las matemáticas, igual que las letras y los fonemas son los componentes básicos de la alfabetización. A los alumnos que tienen dificultades para recordar datos básicos conviene ayudarlos a relacionarlos para que no tengan que recordarlos todos.

Comprender la propiedad conmutativa de la suma reducirá casi a la mitad el número de operaciones que se tienen que recordar. Es todavía mejor si se pueden enseñar junto con las operaciones de resta correspondientes. Enseñar los dobles como operaciones clave puede ser una estrategia útil, y es clave enseñar la suma y la resta al mismo tiempo, para que los alumnos capten la relación «permanente» entre tres números.

Por ejemplo, sabiendo que $2 + 3 = 5$, podemos deducir:

$3 + 2 = 5$ (propiedad conmutativa de la suma)
$5 - 2 = 3$ (resta como inversa de la suma)

y

$5 - 3 = 2$

Pelmanismo de marcos de cinco

Esta actividad refuerza la visualización, el reconocimiento de patrones, la comprensión de los números, la generalización y la memoria espacial.

Necesita dos juegos de tarjetas de marcos de cinco, que muestren cada uno de los números del 1 al 5. Coloque las cinco tarjetas boca abajo en una matriz de 2 × 5.

A continuación, el alumno ha de dar la vuelta a dos de las tarjetas. Si muestran el mismo número de puntos, puede quedarse con esa pareja. Si no, se cambian y se eligen otras dos tarjetas. Continúe hasta que haya encontrado las cinco parejas. Cuando el alumno se sienta seguro en esta tarea, puede pasar a los números hasta 10. Esta vez tendrá un marco de cinco completo y las fichas adicionales se colocarán en la mesa fuera del marco de cinco. Cuando los alumnos hayan tenido tiempo para trabajar en esto, puede introducir los marcos de 10 a fin de que las fichas extra tengan algún lugar en el que ponerse. Para empezar, las fichas o cubos se colocan de una manera determinada, llenando cada fila de izquierda a derecha. Esto ayuda a fortalecer la imagen visual de una cantidad numérica y también a comprender su relación con el 10. Logrado esto, las fichas se pueden colocar de distintas maneras para desarrollar el sentido numérico y la conservación del número, por ejemplo, comprendiendo que cinco sigue siendo cinco independientemente de cómo se coloque en el marco de diez.

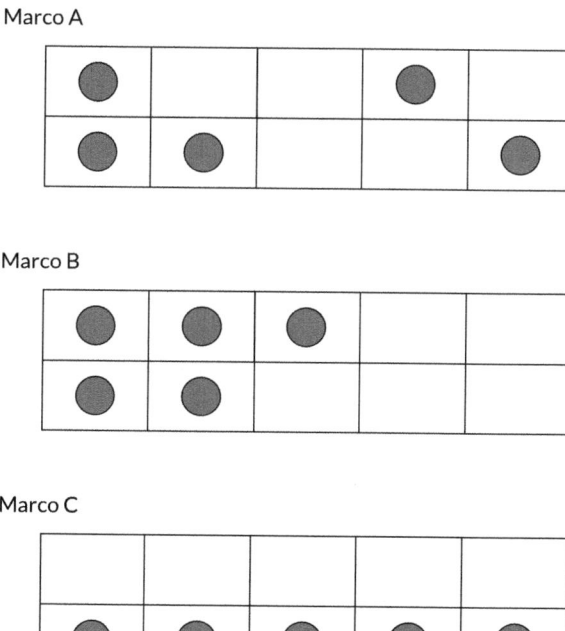

Marco A

Marco B

Marco C

Pida al alumno que proponga tres formas diferentes de colocar un número determinado de fichas en un marco de diez. ¿Cómo describirían las fichas del marco A? ¿3 y 2? ¿Pueden ver 2 + 1 + 1 + 1? o pueden ver 2 + 3? Depende de cómo se agrupen las fichas, poniendo el foco en las filas se puede ver 2 + 3, y si se hace en las columnas, se puede ver 2 + 1 + 1 + 1. Buscando grupos de fichas, se pueden ver 3 juntas a la izquierda del marco y 2 juntas a la derecha. ¿Y qué pasa con el marco B? ¿Pueden ver 4 + 1 o 3 + 2? ¿Cuántos espacios hay cuando tenemos cinco fichas? ¿Cómo se relacionan los marcos A y B con el marco C? ¿Muestran la misma cantidad? ¿La misma relación con diez? El marco C muestra claramente que 5 es la mitad de 10, pero esto puede relacionarse ahora con la disposición del marco B, mostrando que las mitades pueden representarse de diferentes maneras. Los alumnos pueden ver con claridad que 7 es 2 más que 5 y 3 menos que 10, o que 8 puede verse como «5 más 3» y como «10 menos 2».

Los alumnos que son capaces de visualizar los números del 1 al 10 pueden trabajar con ellos de forma más flexible y comprenden la relación entre los números. Los marcos de diez me han resultado muy útiles para desarrollar el recuerdo automático de las relaciones numéricas hasta el 10. Esto se debe a que cada vez que se ve un número representado en el marco de diez, también se ve el número complementario de espacios que forman diez. Así, visualmente, el 1 siempre va unido al 9, el 2 siempre va unido al 8, etc. A menudo, los alumnos son capaces de identificar un número a través de los espacios, lo cual demuestra que dominan las operaciones de suma y resta hasta el 10.

Se han ilustrado aquí algunas ideas para utilizar marcos de diez para comprender los números del 1 al 10, pero también podemos utilizar marcos de 10 para representar otros múltiplos de 10; por ejemplo, en el caso de un marco de 1 con diez espacios, cada ficha valdría 0,1; si fuera un marco de 100, cada ficha valdría 10, y así sucesivamente.

Fichas bicolores

Se trata de uno de los recursos más útiles para la enseñanza de las operaciones visuales y para el pensamiento parte/todo.

Por ejemplo, cuando enseñamos las operaciones visuales hasta el 5, podemos colocar las fichas de la siguiente manera.

5 – 0 = 5	5 + 0 = 5
5 – 1 = 4	4 + 1 = 5
5 – 2 = 3	3 + 2 = 5
5 – 3 = 2	2 + 3 = 5
5 – 4 = 1	1 + 4 = 5
5 – 5 = 0	0 + 5 = 5

O bien podemos colocarlos como los 5 de un dado.

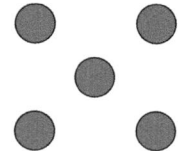

Girando la ficha central, podemos ver que el patrón de dados de 5 está hecho a partir del patrón de dados de 1 y el patrón de dados de 4.

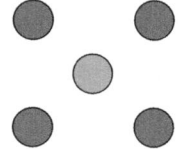

Si damos la vuelta a las dos diagonales, podemos ver que el patrón de dados de 5 está hecho a partir del patrón de dados de 2 y el patrón de dados de 3.

Estos elementos visuales pueden ayudar a los alumnos a desarrollar el conocimiento de los datos visuales.

También podemos utilizar marcos de diez para ilustrar las operaciones visuales. Empiece con los dobles.

Por ejemplo, doble 3 = 6

Utilizando fichas de dos colores podemos destacar en el marco de diez que tenemos dos filas iguales de fichas.

Asimismo, podemos ver que los números dobles son pares.

Ahora podemos empezar a derivar hechos nuevos utilizando casi dobles.

3 + 4 = 7

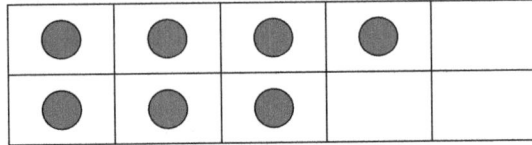

3 + 2 = 5

Cubos de colores

Los cubos son un recurso que está presente en todas las aulas de primaria. Cuando enseñe los primeros conceptos matemáticos, asegúrese de que todos los cubos que use tengan la misma forma, tamaño y color. Esto ayuda a que el concepto que se está enseñando resulte más claro, ya que no hay una «variable de distracción» para los alumnos. En los primeros años, los cubos se acostumbran a usar para contar y clasificar, pero también pueden emplearse más adelante para hacer modelos más sofisticados, como el de barras o el de proporciones y fracciones.

Historias de números

Esta actividad ayuda a desarrollar el sentido numérico, a comprender la conservación del número y el hecho de que la suma y la resta son operaciones inversas. En primer lugar, decida el número con el que quiere trabajar; por ejemplo, el 5. Pida al alumno que haga una torre de 5 cubos azules. Dígale que cuente los cubos y diga cuántos hay. Ahora sustituya un cubo azul por uno rojo. Acto seguido, pregunte:

¿Cuántos cubos tienes en total? ¿Cuántos cubos azules? ¿Cuántos cubos rojos? ¿Cuánto suman 4 y 1? ¿Cuánto es 5 – 1? ¿Cuánto es 5 – 4? Podemos repetir este proceso reemplazando un cubo azul por uno rojo, hasta que todos los cubos sean rojos. Cada vez estaremos creando una representación concreta y los niños podrán registrarla tanto pictóricamente como de forma simbólica.

A continuación, se muestra la historia del número 5 que habremos creado.

$$5 + 0 = 5$$
$$5 - 0 = 5$$
$$4 + 1 = 5$$
$$5 - 1 = 4$$
$$3 + 2 = 5$$
$$5 - 2 = 3$$
$$2 + 3 = 5$$
$$5 - 3 = 2$$
$$1 + 4 = 5$$
$$5 - 4 = 1$$
$$0 + 5 = 5$$
$$5 - 5 = 0$$

Relaciones numéricas hasta el 10

Esta actividad refuerza el pensamiento de partes/todo, a componer y a descomponer números, así como a recordar las operaciones numéricas hasta el 10. Esta actividad es la continuación de la anterior y, de nuevo, tendrá que decidir en qué número se va a centrar. Por ejemplo, yo elegiré el 8.

Pida al alumno que haga una torre de ocho cubos (todos del mismo color). Ahora coja la torre y sosténgala detrás de la espalda. Extraiga una sección de cubos, muéstrasela al alumno y pregúntele: ¿Cuántos cubos hay detrás de mi espalda? Repita el ejercicio y hágalo por turnos para que también los alumnos puedan esconder los cubos. Esta actividad desarrollará su visualización y su memoria visual y auditiva, además de enseñarles a descomponer los números en diferentes partes. Repita este ejercicio con todas las relaciones hasta el 8 y asegúrese de que cada uno de ellos queda registrado gráficamente y en símbolos.

Varillas Cuisenaire

Las varillas Cuisenarie fueron ideadas en la década de 1920 por Georges Cuisenaire, un educador belga. Se popularizaron en los años cincuenta gracias al trabajo de Caleb Gattegno. Consisten en un conjunto de varillas de madera o de plástico de diez colores diferentes, de 1 a 10 cm de longitud. Las varillas no están marcadas por unidades, y ahí radica su potencial. Al no estar marcadas en unidades, son útiles para desarrollar el razonamiento matemático y el sentido numérico, y animan a los alumnos a dejar de contar en unidades. Las varillas de madera originales tenían un peso determinado, de tal modo que, por ejemplo, las varillas 3 y 4 juntas pesaban lo mismo que la varilla 7. Los colores también se eligieron para ayudar a comprender las relaciones numéricas.

Colores

La varilla 1 es blanca/crema por ser la varilla-ficha más universal. La varilla 7 es negra porque no tiene una relación de doble o de mitad con ninguna de las otras varillas. Las varillas restantes se agrupan en tres familias según los colores primarios, rojo, amarillo y azul. Estas varillas se inspiraron en analogías musicales. Cuisenaire sentía curiosidad por saber por qué los alumnos entendían mejor la música que las matemáticas. La formación en escalera, cuando las varillas se colocan en orden creciente de longitud, se inspiró en las flautas de Pan.

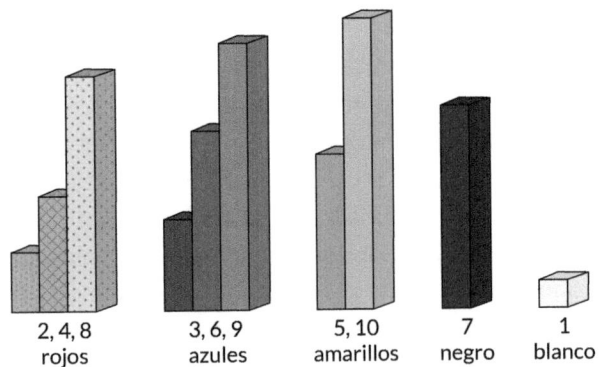

| 2, 4, 8 rojos | 3, 6, 9 azules | 5, 10 amarillos | 7 negro | 1 blanco |

Cuando se introduce un manipulativo por primera vez, hay que dejar que los alumnos lo exploren y jueguen con él. La investigación de Zoltan Dienes nos ha mostrado que los niños necesitan acumular mucha experiencia de esta exploración informal antes de que se les dé instrucción matemática formal. Las posibilidades son infinitas, pero aquí hay algunos ejemplos:

- Construir un patrón de escalera.
- Hacer cuadrados de rectángulos.
- Colocar las varillas en posición vertical o formar torres de diferentes alturas, o dibujos a elección del alumno.
- Crear patrones repetitivos.

Una vez que los alumnos han tenido tiempo de jugar y descubrir el nuevo manipulativo, se pueden introducir actividades más formales y juegos estructurados. El juego de la escalera es muy bueno para ordenar los números del 1 al 10 y colocarlos, después, en una recta numérica.

Juego de la escalera

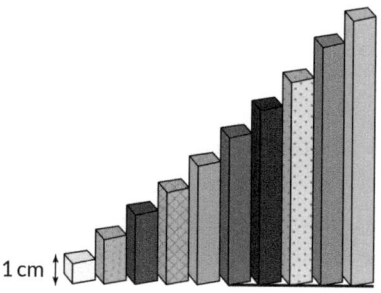

1 cm

Por turnos, los jugadores tiran un dado del 1 al 10 y colocan la varilla Cuisenaire correspondiente sobre la mesa para crear una secuencia. Si su número se repite al lanzar el dado, se pierde un turno. Si al jugador 1 le sale un 5, colocará la varilla amarilla sobre la mesa. Si el jugador 2 saca un 7, tendrá que decidir a qué distancia a la derecha del 5 colocará la varilla del 7 para formar una escalera. Este juego anima a los niños a pensar en el valor relativo de los números del 1 al 10 y a estimar la distancia entre dos números en una recta numérica.

Si desea explorar el concepto de *pensamiento parte/todo*, puede utilizar las varillas para hacer sándwiches de varillas.

Sándwiches de varillas

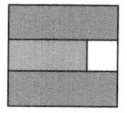 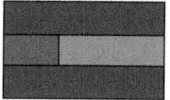 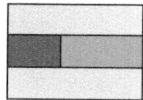

Decida qué número quiere que sea el todo y luego seleccione dos de esas varillas. Una las dos varillas y rellene el sándwich con una combinación de otras dos varillas. Esto puede ampliarse hasta llenar el sándwich con tres o hasta cuatro varillas. También se puede empezar con un sándwich de 7, 8, 9, o 10 varillas y tirar un dado estándar para encontrar la primera varilla «de relleno». ¿Puede el alumno decir qué varilla se necesita para completar el relleno?

Si quiere pasar a explorar las sumas repetidas y las multiplicaciones, puede emplear las varillas para formar trenes y matrices.

Juego del tren

En esta actividad exploramos la multiplicación como suma repetida y también los factores de un número. Si nuestro número es el 10, podemos averiguar cuántas varillas iguales se requieren para formar un tren de la misma longitud que la varilla 10. Esta imagen nos dice que:

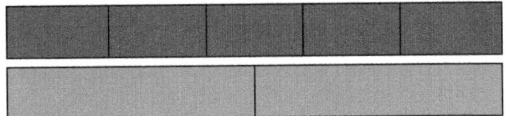

2 + 2 + 2 + 2 + 2 = 10 y también que 5 + 5 = 10

Si ahora hacemos una varilla de 10 con diez barras de 1 (es decir, con el cubo pequeño), podemos ver que 1, 2, 5 y 10 son los factores de 10.

Matrices

Utilizando las varillas para formar rectángulos podemos demostrar la propiedad conmutativa de la multiplicación. En esta imagen, se observa que tres varillas del 5 forman un rectángulo que es exactamente del mismo tamaño que un rectángulo hecho con cinco varillas del 3.

Historias numéricas

También podemos utilizar las varillas para contar la historia de un número. La historia de un número son todas las relaciones numéricas que forman ese número. Esta imagen cuenta la historia del 10 y también demuestra la propiedad conmutativa de la suma.

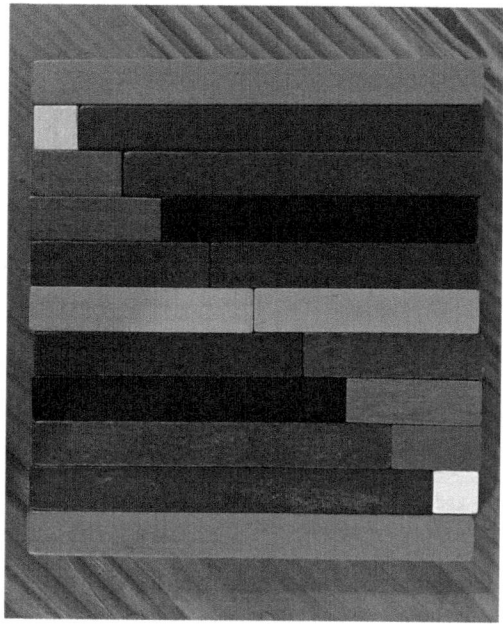

Existen muchos otros conceptos matemáticos que pueden ilustrarse por medio de las varillas Cuisenaire. De hecho, pueden utilizarse para enseñar prácticamente cualquier aspecto de las matemáticas, desde los primeros años hasta el nivel adulto, y son uno de los manipulativos más sofisticados y versátiles que hay.

Los bloques Dienes existen desde hace un tiempo similar al de las varillas Cuisenaire y se utilizan habitualmente en todas las escuelas de primaria. A menudo denominados *materiales de base 10, son el manipulativo de referencia cuando se trabaja con el valor posicional.*

Materiales de base 10

Los materiales de base 10 son un manipulativo proporcional. La varilla de 10 es 10 veces mayor que el cubo de 1. El plano de 100 es 10 veces el tamaño de la varilla de 10. El cubo de 1000 es 10 veces más grande que el de 100. Para algunos alumnos discalcúlicos, la sofisticación y versatilidad de las varillas Cuisenaire las hace inaccesibles y tal vez prefieran trabajar con materiales de base 10, que son siempre múltiplos de 10. Sin embargo, en el mundo de la discalculia nos encontramos con dos bandos. Algunos profesionales prefieren las varillas Cuisenaire por su versatilidad. Es fácil encontrar libros de expertos como Ronit Bird que modelizan casi exclusivamente las matemáticas a partir de varillas Cuisenaire. Otros se decantan por la consistencia y proporcionalidad de los materiales de base 10. Según mi experiencia, la elección depende del alumno con el que se trabaje. Pruebe a modelizar un concepto tanto con materiales de base 10 como con varillas Cuisenaire y compruebe a cuál responde mejor el alumno.

Si en su colegio dispone de los bloques Dienes originales de madera, presentan una ventaja respecto a la versión más moderna de plástico. El hecho de que sean de madera les confiere peso, de modo que el cubo de 1000 pesa mucho y esto ayuda a los niños a conceptualizar la magnitud de 1000 en comparación con la de 1. Además, que sean de madera conlleva que todos sean del mismo color, de modo que los alumnos tienen que centrarse en el tamaño relativo de los materiales, y no en ningún color. Los materiales más modernos utilizan colores diferentes para los unos, las varillas, los planos y el cubo de 1000, cosa que hace que algunos alumnos recuerden más el color que la magnitud relativa.

Resumen

- Dedique tiempo a los fundamentos de las matemáticas: emparejar, ordenar y nuestro sistema de conteo.
- Utilice materiales manipulativos para ayudar a los alumnos a adquirir conocimientos sobre las operaciones visuales.
- Anime a los niños a pasar del conteo al pensamiento parte/todo.

8.
Estrategias específicas para el ciclo medio de primaria

Tradicionalmente, a medida que los alumnos pasan del primer ciclo al ciclo medio de primaria, la enseñanza de las matemáticas se vuelve más abstracta y se utilizan menos los manipulativos. No es de extrañar, por tanto, que esta transición entre etapas sea el momento en el que los profesores se dan cuenta de que los alumnos empiezan a rendirse con las matemáticas. A menudo, cuando se utilizan los manipulativos, se piensa en ellos como un medio para ayudar a los alumnos con dificultades, por lo que se les asocia un cierto estigma. Puede ser todo un reto convencer a los alumnos de que deberían utilizarlos de forma habitual y de que todo el mundo se beneficiará de ellos, no solo los que tienen dificultades. Este capítulo se centrará en el uso de una serie de manipulativos que ayudarán a los alumnos discalcúlicos, pero que tendrían que ponerse a disposición de todos los niños, una decisión que contribuirá a eliminar el estigma de su uso.

Otro problema que se plantea en el ciclo medio es la dificultad con los problemas que contienen palabras, y en este capítulo también se examinan las estrategias para ayudar a los alumnos a descifrar y resolver este tipo de problemas; entre otras, la modelización de barras y los problemas de palabras sin números.

Manipulativos para el ciclo medio de primaria

Fichas bicolores

Las fichas bicolores no solo valen para los primeros cursos de primaria, sino también para una amplia gama de temas que se tocan en el siguiente ciclo. Aquí veremos el álgebra y los pares nulos.

Cuando a los niños se les presentan letras que representan números, esto puede representar un verdadero obstáculo para su comprensión. Sin embargo, el pensamiento algebraico es un concepto al cual los alumnos habrán estado expuestos desde una edad muy temprana, cuando han de rellenar espacios en blanco o casillas vacías. El problema surge cuando utilizamos letras para representar números. Trabajé con un alumno que decía que las matemáticas se le daban bien hasta que apareció el alfabeto. Si utilizamos fichas bicolores en lugar de letras como X e Y, podemos eliminar la naturaleza abstracta de utilizar letras para los números y, de rebote, parte del miedo. Este mero detalle hace que las matemáticas sean mucho más accesibles.

Por ejemplo, tengo dos fichas azules y una roja y le digo al alumno:

¿Cuál podría ser el valor de las fichas si al sumarlas se obtiene 10? Las fichas azules tienen que tener el mismo valor, porque son del mismo color, y la ficha roja podría tener un valor diferente.

Pruébelo usted mismo.
Puede que se le ocurran las siguientes soluciones.

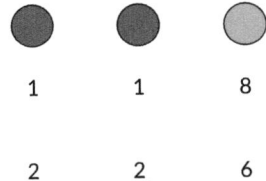

| 1 | 1 | 8 |

| 2 | 2 | 6 |

Etc.

En realidad, hay un número infinito de soluciones a este problema, pues no he estipulado que necesitemos números enteros. Podría haber fracciones o decimales, o incluso números negativos, en la solución. En efecto, lo que hemos hecho es resolver la ecuación.

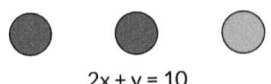

$$2x + y = 10$$

Pero, al utilizar las fichas bicolores, lo hemos hecho mucho más accesible para el alumno y mucho menos intimidante.

Otro uso de las fichas de dos colores es para los pares nulos. Un par nulo consiste en tener una ficha con el valor de +1 y otra con el valor de –1. Cuando se unen, suman 0. Los niños suelen tener dificultades para trabajar con números negativos. Nosotros se lo enseñamos de una manera procedimental diciendo que un número con el signo menos delante y otro también con el menos delante son una suma. Aprenden estas frases tan simples, pero en realidad no entienden lo que está pasando.

Imaginemos que nuestra ficha azul es 1 y que la roja es –1.

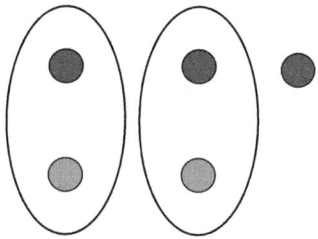

¿Cuánto daría –3 + 2 = ?

Coloque 3 de las fichas rojas y alinee debajo 2 fichas azules. Rodee todos los pares nulos. Podemos eliminarlos, ya que su valor es 0.

Nos queda la respuesta: –1.

En el siguiente ejemplo vemos la representación de 6 más -2. Aquí tenemos dos pares nulos que nos dejan con 4 elementos.

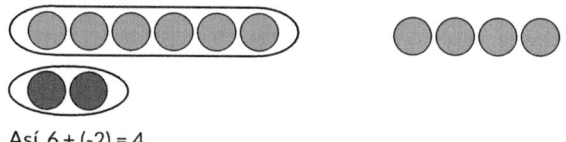

Así, 6 + (-2) = 4

En el siguiente ejemplo, estamos quitando 5 a 4. Para ello, tenemos que añadir algunos pares nulos. Aquí hemos añadido tres pares nulos, aunque en realidad solo nos hacía falta uno. No importa, puesto que los ceros adicionales tienen un valor de 0, de modo que no cambiarán la respuesta. A lo que nos ayudan es a ver cómo podemos restar 5 a 4. La respuesta es –1.

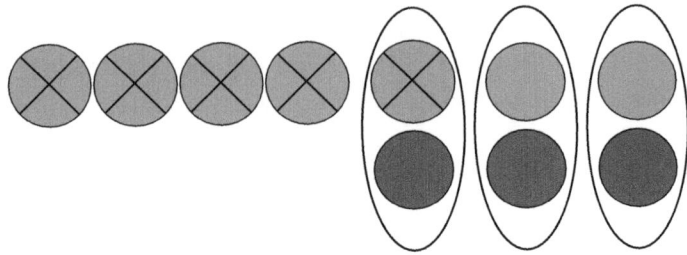

Resolver problemas con texto

A menudo lo que nos bloquea es la interpretación del problema, y no tanto las matemáticas en sí. El alumno discalcúlico puede tener dificultades para entender el problema, así como para realizar el cálculo correcto.

Respecto al vocabulario, hay palabras que solo se utilizan en las clases de matemáticas; por ejemplo, *numerador* y *denominador*, lo cual puede dar lugar a que se perciba una desconexión entre las matemáticas y el mundo real. En la medida de lo posible, debemos relacionar las matemáticas y los problemas que planteamos con el mundo real, pero al mismo tiempo hemos de asegurarnos de que los contextos sean realistas. Todos hemos visto problemas en los que alguien compra 24 melones, pero eso no es un contexto realista para los niños pequeños. Una forma de ayudar a los niños a establecer esta conexión entre las matemáticas y el mundo real es hacerles crear sus propios problemas con palabras y animarlos a reflexionar sobre si se trata de un problema realista. Por ejemplo, repartir dinero entre dos hermanos es creíble, pero repartir dinero entre 22 hermanos no es verosímil.

Pedir a los niños que creen sus propios problemas con palabras también es muy útil para desarrollar el uso de una terminología matemática precisa.

Es indispensable insistir en la importancia de las preposiciones en los problemas que contienen texto. Estas pequeñas palabras suelen pasarse por alto cuando un alumno lee un problema, sobre todo si el contexto y los nombres utilizados son demasiado complejos. Se puede captar que «dividir 25 por 10» y «dividir 25 en 10» son cálculos completamente distintos, aunque se parecen mucho. Otro ejemplo sería «reducir este precio en 20 €» frente a «reducir este precio a 20 €». De nuevo, son cálculos completamente que no tienen nada que ver. A veces, en los problemas con palabras hay ambigüedades; no siempre somos tan precisos como deberíamos en el uso del lenguaje matemático. Pensemos en las siguientes preguntas:

- ¿Cuánto da 10 dividido entre 5? (2 o 0,5).

- ¿Cuánto es 5 más que 3? (2 u 8).

Otro problema que tienen los alumnos son los malentendidos en los problemas con palabras. Fijémonos en este ejemplo:

Jack tiene 10 manzanas. Tiene 7 *más* que Mary. ¿Cuántas manzanas tenía Maria?

El término *más* induce al alumno a pensar que se trata de una suma, cuando en realidad lo que hay que hacer es una resta. Para ayudar a los alumnos a resolver eficazmente los problemas con texto, han de tener experiencia en estrategias de resolución de problemas. En los años cincuenta, George Polya escribió un libro fundamental titulado *How to Solve It*. En él exponía las estrategias para resolver un problema, que eran:

- Comprender el problema.
- Planificar cómo se va a abordar el problema.
- Resolver el problema.
- Volver a mirar la solución y comprobarla.

El procedimiento de Newman contribuye a ello y constituye un marco útil para que los profesionales identifiquen las barreras que pueden tener los alumnos a la hora de comprender los problemas que incluyen palabras.

Este procedimiento identifica las dificultades que pueden surgir en cualquier fase del proceso de resolución de problemas.

El procedimiento de Newman

La educadora australiana Anne Newman (1977) propuso cinco pautas para ayudar a determinar dónde pueden producirse errores en los intentos de los alumnos a la hora de resolver problemas escritos.

Los alumnos cometen errores por muchas razones. Los profesores están familiarizados, sin duda, con los errores debidos a problemas de lectura y comprensión. Newman también identificó la transformación, la habilidad en el proceso y la codificación.

Investigaciones llevadas a cabo en Australia y el Sudeste asiático han demostrado que el 60 % de los errores de los alumnos cuando responden preguntas escritas de cálculo se producen antes de que alcancen el estadio de la habilidad en el proceso. En contraste con esta evidencia, la mayoría de los programas de corrección se centran únicamente en las destrezas demostradas en el proceso.

Las cinco pautas de Newman son:

Lectura
¿Sabe leer el alumno las palabras del problema? Incluso los buenos lectores pueden tener dificultades para leer y descodificar textos matemáticos, palabras y gráficos.

Al leer un problema con palabras, ¿leen los alumnos fijándose en el significado?

La siguiente pregunta es un ejemplo que ilustra que muchos alumnos no leen en busca de significado. Se formuló a un grupo de niños y se registraron sus respuestas.

En una granja hay 26 ovejas y 10 gallinas. ¿Qué edad tiene el granjero?

El 78 % de los niños hizo alguna de las siguientes cosas:

$26 + 10 = 36$
$26 - 10 = 16$
$26 \times 10 = 260$
$26 \div 10 = 2,6$

Se podría argumentar que es una pregunta capciosa, pero ejemplifica muy bien la ausencia de lectura con significado. Hay que animar a los niños a leer el problema en voz alta, a saltarse las palabras que no sepan leer y a subrayar las que no conozcan. Pueden trabajar con un compañero de lectura y utilizar tablas de términos matemáticos como apoyo en el aula. Pueden reemplazar los nombres propios por nombres comunes o pronombres genéricos para hacer más accesible la lectura del problema.

Comprensión

¿Es la comprensión lectora la dificultad? ¿Entiende el alumno el significado de lo que lee? Quizá sea capaz de descodificar las palabras, pero a expensas de la comprensión. Puede no entender el significado de las palabras y de los gráficos en un contexto matemático. O confundir los significados cotidianos de las palabras y sustituirlos por contextos matemáticos. Los alumnos tienen que identificar qué información es relevante y cuál no. Esto es mucho más complicado que subrayar las palabras clave. Además, ser capaz de destacar lo es importante no significa captar por qué es importante o qué hay que hacer con esa información. ¿Y si el niño piensa que todo es importante? Esto le impedirá comprender lo que el ejercicio le pide que haga.

Los alumnos pueden leer el problema una sola vez y deducir un significado incorrecto de las palabras, o pueden sentirse desanimados y distraídos ante los números, sobre todo si hay muchos en el problema. Podemos ayudar a los alumnos con dificultades de comprensión animándolos a buscar el vocabulario matemático clave, a cuestionarse hasta qué punto entienden el texto y a evaluar su comprensión del problema. Les podemos enseñar a dividir el problema en pasos más pequeños y a descubrir la conexión con problemas similares que hayan resuelto antes. El uso del modelo de barras es increíblemente eficaz para ayudar a los alumnos a visualizar el problema y a comprender lo que se les pide hacer.

Transformación

¿Puede el alumno determinar una forma de resolver el problema? ¿Conoce bien las estrategias? ¿Sabe transformar la palabra escrita en el cálculo que debe hacer? ¿Es capaz de hacer el cálculo correctamente y de comprobar la respuesta con otro método?

Si el problema es cómo transformar las palabras de un problema en una estrategia matemática adecuada para resolverlo, se pueden aplicar algunas de las estrategias de Polya para hacerlo, entre las cuales están:

- Hacer un dibujo.
- Intentar adivinar y comprobarlo.
- Representarlo mediante manipulativos.
- Escribir una frase con números.
- Hallar un patrón.
- Hacer una lista ordenada.
- Eliminar posibilidades.
- Trabajar hacia atrás.

Representar el problema con un diagrama, por ejemplo, un modelo de barras, puede cambiar las reglas del juego. Otro método muy eficaz es plantear problemas con palabras y sin números.

Asimismo, si se estimula a los alumnos a escribir sus propios problemas con palabras, se familiarizarán con la estructura y el significado de este tipo de problemas. Anímelos a presentar los problemas con palabras de diferentes maneras utilizando vocabulario diferente y a utilizar problemas que reflejen distintos modelos de las cuatro operaciones.

Capacidad de procesamiento

¿Puede el alumno conectar con el proceso matemático? La mayoría de los docentes son excelentes enseñando habilidades matemáticas como la multiplicación, la suma, la división y la resta, y los alumnos son capaces de seguir el proceso correspondiente. El problema surge si no saben cuándo han de aplicar estas destrezas. La mayoría de los alumnos no saben qué proceso operativo es necesario para resolver un problema. Una vez más, el modelo de barras puede ser muy útil para ayudarlos a ver qué operación tienen que usar. Recurrir a las estrategias de Polya en la fase de transformación ayudará al alumno a determinar cuál ha de ser el proceso matemático.

Codificación

¿Sabe el alumno registrar e interpretar su respuesta en relación con el problema? ¿Sabe cómo comprobar que la respuesta es correcta? ¿Cómo puede estar seguro?

El alumno debe reflexionar sobre su respuesta y plantearse a sí mismo las siguientes preguntas:

— ¿Tiene sentido?
— ¿Responde a lo que plantea la pregunta?
— ¿Se aproxima la respuesta a mi estimación?

Contar con la estructura de las estrategias de Polya para la resolución de problemas y con las pautas de Newman proporciona a los alumnos un marco de apoyo a la hora de abordar problemas con texto. También permite a los profesores descubrir dónde radican los obstáculos para solucionar los problemas. Puede tratarse de una o dos de las pautas del procedimiento de Newman, o de las cinco. Saber dónde están los problemas nos permite encontrar una solución y una forma de ayudar al alumno de manera más eficaz.

Modelado mediante barras

El método del modelo de barras para la resolución de problemas se introdujo en la década de 1980 para ayudar a los alumnos que tenían problemas con las palabras que se empleaban en el contexto de las matemáticas. Ha tenido tanto éxito que su uso se está extendiendo por todo el mundo a medida que más docentes y alumnos descubren lo eficaz que resulta para «ver las matemáticas». De hecho, sirve de puente entre los problemas con texto y las matemáticas abstractas. El modelo de barras expone las relaciones dentro de la estructura de las matemáticas y favorece el desarrollo del pensamiento algebraico.
Existen tres tipos de modelos:

• El modelo de parte/todo
• El modelo de comparación
• El modelo del antes y el después

El modelo de parte/todo

Al principio, el modelo de parte/todo se usa para representar problemas de adición sencillos. Por ejemplo:

Jack tiene cinco lápices y Jay tiene ocho lápices. ¿Cuántos lápices tienen en total?

Se pueden utilizar objetos concretos para modelizar este problema: lápices reales o dibujos de lápices o cubos para representar los lápices. Se dibujan barras (o rectángulos) para representar el problema. No hace falta que las barras guarden una proporción exacta, basta con que su tamaño relativo sea razonable. Se ponen algún tipo de flecha para señalar la información dada y también la incógnita. El signo de interrogación indica lo que se pretende averiguar y el cálculo que tenemos que hacer.

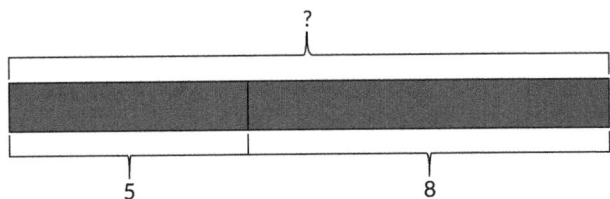

Las dos partes se suman para dar el total.
5 + 8 = 13
Hay 13 lápices en total.

En este ejemplo conocíamos las dos partes y teníamos que hallar el todo. Puede ocurrir que la información dada sea el todo y una parte y el alumno necesite encontrar la otra parte. En este caso, la operación consistiría en restar una parte del todo para hallar la otra parte, como se muestra en el siguiente ejemplo.

El cálculo aquí sería 61 menos 33 para hallar el número de niños en la fiesta.

Había 61 niños en la fiesta, 33 de ellos eran niñas. ¿Cuántos niños había?

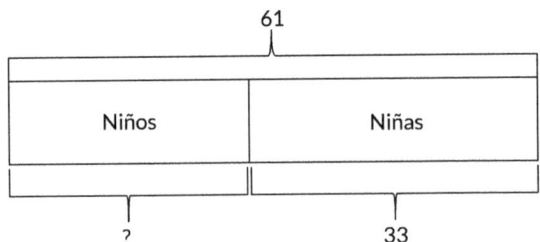

El modelo de comparación

En el modelo de comparación, se comparan dos cantidades. Por ejemplo, hay 10 manzanas y 6 plátanos. ¿Cuántas manzanas hay más que plátanos? Esto se puede modelizar de la siguiente manera:

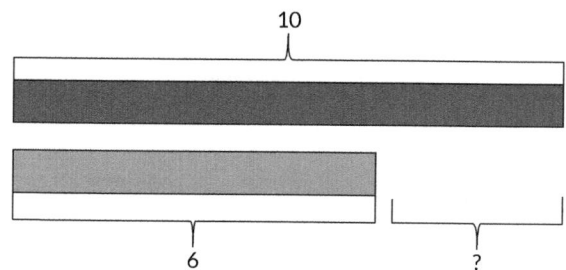

El modelo de barras nos muestra que tenemos que restar:
10 – 6 = 4
Hay cuatro manzanas más que plátanos.
Puede pasar que nos den una cantidad y la diferencia.
El modelo seguirá siendo el mismo.

Hay cuatro manzanas más que plátanos. Si hay seis plátanos, ¿cuántas manzanas hay?

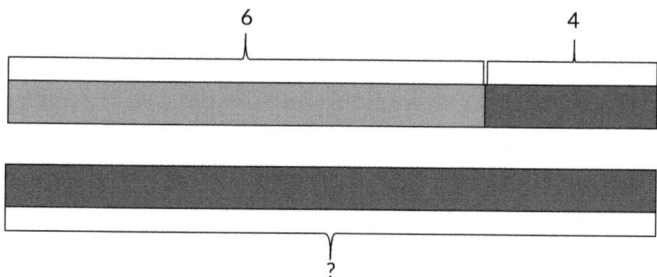

El modelo de barras es el mismo, es solo la información que se proporciona la que cambia y, para este problema, necesitamos sumar:
6 + 4 = 10
Hay diez manzanas.

El modelo del antes y el después

En los problemas de antes y después hay dos modelos. Uno para la situación previa al cambio (un aumento o una disminución de la cantidad) y otro para la situación después del cambio.

Sunill tiene cinco veces más dinero que Jack. Sunill le da a Jack 10 euros y ahora ambos tienen la misma cantidad. ¿Cuánto dinero tenía Sunill al principio?

Modelo del antes

Sunil

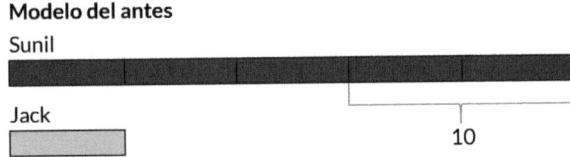

Jack

10

Sunill tiene que haber dado dos partes a Jack para que al final tengan la misma cantidad. Por lo tanto, cada parte ha de ser 5.

Modelo del después

Sunil

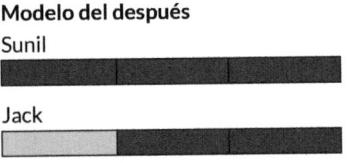

Jack

Así pues, al principio Sunill tenía 25 euros.

En todos mis años de docencia, descubrir el modelo de barras ha sido uno de mis momentos de máximo entusiasmo. Supone un cambio radical para muchos niños, sobre todo para los que padecen discalculia y dislexia. Ahora se utiliza mucho más en las escuelas de primaria, y con razón. Es posible que al principio los alumnos se muestren reacios a dibujar el modelo de barras, ya que lo consideran un paso más, pero, una vez que se hayan dado cuenta de lo útil que puede ser para resolver problemas con palabras, enseguida lo adoptarán. Para los niños pequeños o para los que no les gusta dibujar rectángulos, se pueden utilizar tiras de papel, fichas o cubos. Son especialmente útiles cuando se trabaja con problemas del antes y el después, porque se pueden mover las cosas para modelizar el cambio en el problema. Imagino que muchos de ustedes ya utilizan el modelo de barras, pero, si no es así, se lo recomiendo encarecidamente.

Resumen

- Los manipulativos son útiles para niños de todas las edades, no solo para los del primer ciclo de educación primaria.
- Póngalos a disposición de todos los niños para evitar cualquier estigma asociado a su uso.
- Los problemas con texto se vuelven más accesibles si se utilizan los marcos de Polya y Newman, así como del modelo de barras.

9.
Trabajar con las familias

Las familias pueden ser uno de nuestros mejores recursos a la hora de ayudar a los alumnos con discalculia o dificultades de aprendizaje de las matemáticas, pero puede costar que se impliquen, sobre todo si ellos mismos ya miran las matemáticas con desconfianza. Muchos padres y madres recelan de involucrarse por si todavía confunden más a sus hijos, o porque temen que tampoco ellos sepan resolver los ejercicios y prefieren evitar que sus capten su angustia y su impotencia. Al mismo tiempo, para la familia ya puede ser de por sí preocupante saber que el niño o niña tiene una diferencia específica de aprendizaje, lo cual puede inducirles a pensar que aún le van a poder ayudar menos. Tal vez piensen que es mejor dejarlo todo en manos de los profesionales.

Así pues, lo primero que tenemos que hacer es implicarlos y ayudarlos a ellos y a sus hijos a desarrollar una mentalidad de crecimiento en lo que se refiere a las matemáticas. Puede decidir trabajar individualmente con los padres y madres, o bien organizar actividades para toda la clase en las que ellos o ellas también participen. Otra opción es empezar enviando a casa sencillas hojas informativas o incluso cuestionarios.

Cuanto antes trabajemos codo a codo con las familias, mejor será el resultado para el niño. Las formas en que pueden poner su granito de arena en casa son numerosas y no suponen ningun quebradero de cabeza. No les pedimos que hagan por fuerza interminables hojas de ejercicios con los niños, ¡ni mucho menos! A lo que aspiramos es a que las familias y los hijos disfruten juntos de las matemáticas, y esto no tiene por qué estar relacionado con el plan de estudios o con el área de las matemáticas que se les resiste. Las matemáticas son una materia tan variada y fascinante que a menudo pasamos por alto algunas de sus mejores partes en nuestro afán (y bajo presión) de aprobar la asignatura. En la escuela, las matemáticas se rigen por las exigencias del currículum y el rendimiento, pero en casa no tiene por qué ser así.

Matemáticas incidentales

Hay muchas matemáticas que los alumnos y las familias hacen cada día sin darse cuenta, y este es un buen punto de partida para atraerles hacia las matemáticas y mitigar la ansiedad que les provoca.

Algunos ejemplos de matemáticas de la vida cotidiana pueden ser:

- Cuando se cepille los dientes, pídale al niño que estime cuánto tiempo ha dedicado a esa tarea. Cronométrele y averigüe cuánto se ha aproximado al tiempo real. Esto puede servir para recordarle que dos minutos es más tiempo del que cree.
- Poner la mesa para el desayuno o la cena reforzará la correspondencia 1:1. ¿Cuántos platos necesitaremos si se unen dos personas más?
- Contar de forma ascendente cada escalón mientras subimos y hacia atrás mientras bajamos los ayudará a aprender el orden de nuestro sistema numérico, o se puede contar literalmente hacia delante y hacia atrás de dos en dos escalones, de cinco en cinco y de diez en diez, o lo que más apropiado sea para el niño.
- De camino al colegio, ¿pueden identificar los números pares e impares en el entorno, en las casas, en los autobuses?

Trabajo en casa

En lugar de encargar deberes a un alumno discalcúlico para que los acabe haciendo su padre o su madre, que quizá ya tienen sus propios problemas con las matemáticas, puede ser más beneficioso reservar para casa juegos y exploraciones, como una manera amena y no intimidante de practicar las matemáticas que se han enseñado en el aula. Este enfoque puede reducir la ansiedad matemática tanto de las familias como de los niños. Asimismo, puede pedir a los niños que en casa hagan actividades que no estén basadas en los temas que se han tratado en clase, que sean solo para pasárselo bien y para estimular el sentido de la curiosidad. Durante la pandemia publicaba cada día en Twitter una actividad para que los progenitores las hicieran con sus hijos, y seguidamente comparto uno de mis ejemplos favoritos.

La banda de Mobius

Se necesitan:

 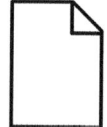 

y cinta adhesiva.

La banda de Mobius debe su nombre al matemático August Mobius, inventor esta en 1858. Es curiosa porque solo tiene un lado y un borde. Construir una banda de Mobius es muy sencillo. Solo se necesita una tira larga de papel, cinta adhesiva y unas tijeras.

Si tiene papel de impresora A4, puede cortar dos tiras de unos 5 cm de ancho y pegarlas con cinta adhesiva. Así obtendrá una tira de la longitud adecuada.

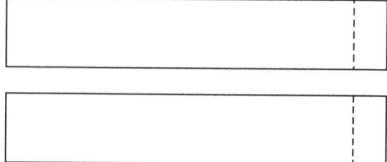

Una vez que tenga una tira larga, puede unir los extremos con cinta adhesiva como si estuviera haciendo una diadema.

Intente trazar una línea a lo largo del centro de la diadema, por dentro y por fuera.

¿Podría hacerlo sin despegar el bolígrafo del papel?

No, porque la tira de papel (y por tanto la diadema) tiene dos caras.

Pero ahora pruebe esto...

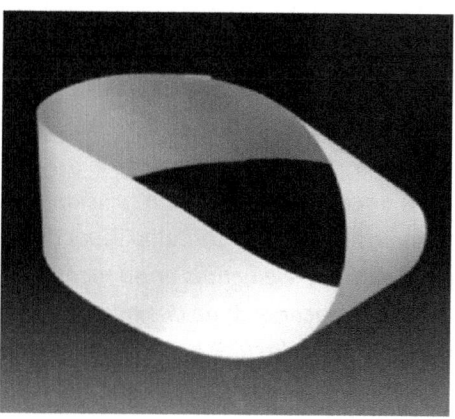

Coja otro trozo largo de papel y junte los extremos como si estuviera haciendo una diadema, pero antes de unir ambos extremos con cinta adhesiva, dele una vuelta a uno de ellos y luego pegue los extremos.

Ahora intente trazar una línea a lo largo del centro de la tira. ¿Qué observa?

Acabará donde empezó, sin tener que despegar el bolígrafo del papel. Así, habrá dibujado en los dos lados de la tira de papel de una sola vez, cosa que significa que su tira de papel original, que tenía dos lados, ahora solo tiene uno.

¿Cómo es posible?

Ahora corte a lo largo de la línea que ha trazado. ¿Qué cree que puede ocurrir?

Pruébelo y verá.

Puede hacer muchas otras cosas interesantes con esta tira. Pruebe a hacer otra, pero esta vez, en lugar de cortar por el centro, corte a un tercio de distancia de uno de los bordes. ¿Qué cree que pasará esta vez?

¿Qué sucede si da dos vueltas al papel? ¿O incluso tres vueltas?

Diviértase explorando esto y a ver si puede predecir lo que ocurrirá.

Cómo explicar la discalculia a las familias

Tener esta conversación puede ser muy complicado. Algunos padres y madres pueden resistirse mucho a la idea de que su hijo tenga una diferencia de aprendizaje. Una explicación clara y un plan para ayudar a su hijo pueden ser de gran ayuda. Les puede dar una hoja informativa o sentarse a hablar con ellos.

Una explicación parecida a la que sigue podría funcionar.

La discalculia es una diferencia específica en el aprendizaje de las matemáticas que afecta a alrededor del 5 % de la población. En realidad, se trata de una dificultad en aritmética, más que en las matemáticas en su conjunto, ya que puede no haber dificultades en áreas como la forma o la geometría. A las personas discalcúlicas les cuesta relacionar una cantidad con el símbolo que utilizamos para dicha cantidad. Cuando ven el símbolo 5, no tienen una imagen de cinco elementos en su mente. En consecuencia, les resulta complicado identificar cuál de dos números es el mayor. También carecen de sentido numérico, lo cual significa que les cuesta entender nues-

tro sistema de conteo y cómo se relacionan los números entre sí. Para ellos, hacer cálculos mentalmente es tremendamente difícil.

La discalculia está presente desde el nacimiento y es una afección permanente que no guarda relación alguna con el coeficiente intelectual. Tener discalculia no significa que su hijo sea poco inteligente. A menudo, ¡todo lo contrario! Los efectos de la discalculia en su hijo o hija pueden atenuarse con una buena intervención y apoyo en la escuela (en este punto puede detallar exactamente qué está haciendo su escuela para apoyar a su hijo, como tiempo extra en pruebas o exámenes, o disponer de apoyo al aprendizaje individual o en pequeños grupos). Intente calmar a su hijo diciéndole que esto no significa que nunca vaya a ser capaz de hacer matemáticas. No tiene por qué ser un obstáculo para que todo le vaya perfectamente. Insista en la importancia de que las matemáticas formen parte de la vida cotidiana, pero de una manera divertida, no estresante. Es crucial que la ansiedad de los progenitores no se transmita a sus hijos.

Puede entrar en detalles sobre los aspectos concretos con los que su hijo puede tener dificultades y también puede destacar los puntos fuertes que puede tener como consecuencia de su discalculia.

Los alumnos discalcúlicos tendrán dificultades con lo siguiente:

Comprensión del número

Puede que no sepan que 9 es más que 5, porque no han asociado una cantidad al número. Para ellos, el 9 es un símbolo que llamamos «nueve», pero no les evoca una imagen de nueve elementos.

Subitización

La subitización es nuestra capacidad para decir cuántos elementos hay en un conjunto sin necesidad de contarlos uno a uno. La mayoría de las personas, cuando ven cuatro galletas en un plato, pueden decir al instante que hay cuatro sin contarlas. Una persona discalcúlica no es capaz de este reconocimiento automático de cantidades pequeñas y tendría que contar las galletas.

Estimación

Los alumnos discalcúlicos no tienen ni idea de cuál podría ser una respuesta numérica razonable, así que darán por bueno cualquier número que les venga a la cabeza. Por ejemplo, sabemos que 34 + 62 es casi 100, pero una persona discalcúlica puede soltar la respuesta 3462 y ni sospechar que es disparatado.

Conteo hacia atrás

Los números no son más que palabras para una persona discalculica, así que contar hacia atrás no tiene ninguna estructura lógica. Puede que sean capaces de recitar la secuencia hacia delante, pero no tienen ni idea de por qué un número va después de otro. Intente recitar al revés una canción infantil conocida para hacerse una idea de lo difícil que puede resultarle contar al revés a una persona con discalculia.

Identificación de patrones

Ser capaz de detectar patrones puede facilitar mucho las matemáticas, pero para las personas discalcúlicas es una tarea muy ardua.
Por ejemplo:

10 + 4 = 14
20 + 4 = 24
30 + 4 = 34
40 + 4 = 44

Podemos ver un patrón emergente aquí, pero un niño discalcúlico no vería que la siguiente respuesta será 54.

Comprensión del valor posicional

Se trata de un concepto complicado para muchos alumnos jóvenes, y más todavía para los discalcúlicos, a quienes les cuesta entender que el dígito puede cambiar de valor dependiendo del lugar que ocupe en el número. Las personas con discalculia suelen escribir 1002 en lugar de 102 cuando oyen «ciento dos», porque no han comprendido el concepto de valor posicional y escriben los símbolos matemáticos de las palabras que oyen.

Tiempo

Aprender a decir la hora es muy difícil y a muchos niños les cuesta, sobre todo a los discalcúlicos. Es más, no solo les es difícil decir la hora, sino hasta comprender el paso del tiempo. Un niño discalculico puede ser incapaz de apreciar si ha pasado una hora o solo unos minutos.

Los alumnos discalcúlicos pueden tener puntos fuertes en las siguientes áreas.

Creatividad

Muchos alumnos discalcúlicos son creativos, lo cual suele deberse a la imaginación que han tenido que desarrollar para superar sus problemas con los números. Esta creatividad también puede dar lugar a aptitudes de alto nivel en pensamiento estratégico y resolución de problemas. Se trata de aptitudes muy valoradas hoy en día en el mundo laboral.

Alfabetización

A menudo, los niños discalcúlicos tienen una memoria excelente para la palabra impresa y pueden destacar en el aprendizaje de idiomas y la poesía.

Perseverancia y resistencia

Los alumnos con dificultades de cálculo han de esforzarse más que sus compañeros, de manera que, con el apoyo y el estímulo adecuados, pueden acabar desarrollando una gran capacidad de recuperación y de perseverancia. Estas constituirán aptitudes valiosísimas para la vida adulta.

La discalculia no tiene por qué representar un obstáculo para que el individuo alcance todo su potencial. Hace un par de años tuve el gran placer de conocer a Aidan Milner, en Nueva Zelanda. A pesar de que era un chico una dislexia y una discalculia muy marcadas, ha trabajado mucho para superar estas dificultades y en ese momento estaba haciendo un máster en Geología, además de trabajar como voluntario en el servicio de ambulancias los viernes por la noche. Es un joven increíblemente dotado y la prueba irrefutable de que se puede triunfar en la vida incluso con una diferencia específica de aprendizaje.

El profesor Paul Moorcraft fue corresponsal de la BBC y el profesor Brian Butterworth (destacado investigador de la discalculia) lo describió como la persona más discalcúlica que había evaluado nunca. Paul es catedrático de Periodismo y Medios de Comunicación, antiguo corresponsal de guerra de la BBC y autor de 25 libros.

Resumen

- Las familias pueden ser uno de nuestros mejores recursos.
- Sea positivo cuando explique la discalculia.
- Detalle a los padres y madres qué apoyo se prestará en la escuela a sus hijos.
- Explique claramente cómo pueden ellos mismos ayudar a su hijo.

10.
Planificación de la transición

La transición de primaria a secundaria puede ser un momento difícil para cualquier alumno, especialmente para los alumnos neurodiversos. En primaria, los niños están acostumbrados a tener un solo maestro, que los conoce muy bien y sabe de sus necesidades de aprendizaje. En contraste, en secundaria tienen profesores de diferentes asignaturas que trabajan con muchas clases, y la oportunidad de conocer la idiosincrasia de cada niño y hacerlo en profundidad es más limitada.

La comunicación es la clave. La transición será mucho más fluida si se teje una adecuada comunicación entre familias, alumnos, maestros de primaria y profesores de secundaria.

Orientaciones para la transición

No olvide que todos los profesores tienen que estar al corriente de la discalculia de un alumno, no solo el de matemáticas. Dado que el conocimiento de la discalculia es todavía bastante pobre, puede ser una buena idea proponer una reunión con el profesorado del centro de secundaria en la cual pueda explicar cómo identificar y apoyar a los alumnos con discalculia o, por lo menos, ofrecer una breve explicación de esta y de cómo puede afectar al alumno.

Explique qué tipo de apoyo ha recibido el alumno en la escuela primaria, ya sea intervención individual o apoyo dentro de la clase. ¿Qué estrategias de apoyo han funcionado mejor para el alumno?

Comparta los manipulativos que ha estado utilizando el alumno. Si el alumno está acostumbrado a tener Numicon a mano, existe una versión de color gris para los alumnos de secundaria. Esto puede ayudarlo a sentir que ya no tiene que depender de manipulativos que considera que son para niños más pequeños.

Asegúrese de que no se les van a demasiadas hojas de ejercicios. Hay que centrarse en lo concreto y lo pictórico. Si no se dispone de manipulativos concretos, lo mejor es recurrir a los virtuales: www.mathsbot.com es una excelente página web de manipulativos virtuales creada por Jonathan Hall, profesor de matemáticas de secundaria.

Prepare al alumno con antelación, haga visitas frecuentes a la nueva escuela y proporciónele ejemplos de las actividades que hará en matemáticas. Lo ideal sería que estuvieran basadas en juegos y que el alumno pudiera hacerlas con sus padres o hermanos. Los nuevos profesores que tendrá no pueden dar por sentado que ya dominan todas las matemáticas de primaria. Tendrán que repasar constantemente conceptos ya trabajados, ser pacientes y asumir que no harán todos los deberes. Antes de introducir un nuevo tema, asegúrese de que el alumno posee los conocimientos previos necesarios.

Intente volver visuales conceptos abstractos como el álgebra mediante el uso del modelo de barras y fichas de dos colores para representar la cantidad desconocida, en lugar de las letras del alfabeto.

Si el alumno se muestra retraído o su comportamiento no es bueno, considere, como primera opción, si el problema podría ser la ansiedad matemática.

Resumen

- Una buena comunicación es fundamental.
- Asegúrese de que el alumno está preparado para pasar de primaria a secundaria.

11.
Otros
recursos

¿Qué hacer ante la sospecha de discalculia?

La discalculia está reconocida legalmente como discapacidad. Esto significa que las escuelas tienen la obligación de identificar a los alumnos con discalculia e implementar los ajustes apropiados para garantizar que gozan de las mismas oportunidades que sus compañeros de clase.

Con frecuencia me preguntan a qué edad se puede diagnosticar la discalculia. Lo que yo aconsejaría a cualquier maestro o profesor es que se fijara en si algún alumno no progresa al mismo ritmo que sus iguales. Esto no siempre es fácil de determinar, en especial en el primer ciclo de educación primaria, cuando el impacto de cumplir años al principio o al final de curso puede ser bastante profundo. En todo caso, en esta etapa no se trata tanto de etiquetar y diagnosticar como de ser consciente de qué alumnos no alcanzan los hitos del desarrollo típico.

Si no lo tiene claro, el primer paso sería elaborar una lista de verificación y pasársela. Esto le dará una idea más fiel de si el alumno está o no al mismo nivel que el resto de los niños y niñas del aula, y en qué áreas en concreto.

Listas de verificación

Las listas de verificación o *checklists* son sencillas y rápidas de administrar, y suelen ser la primera opción cuando se busca identificar los casos de discalculia. Sin embargo, pueden ser muy subjetivas y solo proporcionan una indicación de si el alumno corre el riesgo de padecer discalculia.

Hay muchas listas de verificación para la discalculia que se pueden comprar o a las que se puede acceder gratuitamente en internet, entre ellas:

- Lista de verificación de la discalculia de la Asociación Británica de Dislexia: www.bdadyslexia.org.
- Lista de comprobación de la discalculia de Ann Arbor: www.annarbor.co.uk.
- More Trouble with Maths, de Steve Chinn, que incluye una lista de verificación de 31 puntos: www.stevechinn.co.uk
- El Centro de Matemáticas tiene una lista de verificación más exhaustiva, que se divide en las siguientes áreas: sistema numérico, cálculos, resolución de problemas, medidas, forma y espacio, y tratamiento de datos. www.mathematicshed.com
- El próximo paso sería hacer un cribaje de discalculia.

Detectores

Un detector le proporcionará una idea de si el niño corre el riesgo de padecer discalculia. En esta fase puede decidir intervenir y dar apoyo adicional al alumno, y la mejor forma acostumbra a ser hacerlo dentro del entorno de toda la clase. Asegúrese de que sigue las orientaciones para un aula que apoya a los niños con la discalculia, pues este clima beneficiará a todo el grupo. Lo que se ha de evitar es esperar a que el niño falle para empezar a tomar medidas. Si hay el más mínimo indicio de posible discalculia, deberíamos estudiar estrategias para proporcionarle apoyo adicional. En este punto, recomendaría mantener una conversación con los padres y madres del alumno. Debería ser una conversación informal, en la que no utilizaría específicamente el término *discalculia*, sino que les ofrecería sugerencias sobre las formas en que pueden brindar al niño o niña un apoyo adicional en casa.

Numeracy Screener

www.numeracyscreener.org

Edades: 4-8 años

Se trata de una prueba de detección de dos minutos de duración para identificar a los niños con dificultades en las matemáticas. La prueba en sí no detecta la discalculia per se, pero identifica a los niños que pueden necesitar ayuda adicional o un seguimiento más atento. El test es muy fácil de administrar. Se puede descargar en numeracyscreener.org, junto con las instrucciones correspondientes. Los niños tienen que identificar cuál de dos números o símbolos es mayor en una serie de hojas de trabajo, respondiendo a tantas preguntas como sean capaces en un máximo de dos minutos.

Coste: gratuito

Dynamo Assessment

www.dynamoprofiler.co.uk

Edades: 6-11 años

Este instrumento de detección ha sido desarrollado por Dynamo Maths, una empresa que ofrece actividades de intervención en línea para alumnos con discalculia y dificultades matemáticas. Consiste en una sencilla prueba en línea que identifica áreas específicas de dificultad, en particular, la variación individual en el desarrollo del sentido numérico. Se tarda entre 20 y 40 minutos en completarla.

Los resultados se muestran en un gráfico de barras y abarcan:

- Velocidad de procesamiento
- Significado de los números
- Relaciones numéricas
- Magnitud numérica

Este detector es especialmente útil, porque genera dos informes: un informe sobre el perfil del sentido numérico, que distingue entre dificultades de cálculo y retraso en el desarrollo de las matemáticas, y un informe sobre el perfil del rendimiento, que ofrece una visión detallada de los puntos fuertes y débiles del niño y señala estrategias de intervención para ayudarlo.

Coste: ~ 15 £ esterlinas por niño

The Dyscalculia Screener

www.gl-assessment.co.uk

Edades: 6-14 años

Identifica la tendencia a la discalculia y proporciona un informe en el cual se recomiendan estrategias de intervención de apoyo. Hay un libro complementario, *Dyscalculia Guidance*, que especifica juegos y actividades para dicha intervención. La prueba dura unos 30 minutos y puede aplicarse de forma individual o para toda la clase. Su objetivo es ayudar a los profesionales a diferenciar entre las personas a quienes se les dan mal las matemáticas y aquellas cuyas dificultades están asociadas a la discalculia. Evalúa el sentido numérico del alumno mediante la evaluación de su capacidad para comprender la magnitud de los números y su habilidad para hacer cálculos sencillos.

Coste: 5,50 £ (+ IVA) por administración individual (para un mínimo de 10 administraciones).

Dyscalculia Screener

https://idlsgroup.com/idl-numeracy-screener

Edades: 4-11 años

Este detector ha sido desarrollado como una prueba en línea fácil de usar que identificará una eventual tendencia a la discalculia. La prueba dura unos 15 minutos y se puede aplicar individualmente o a todo el grupo clase.

Coste: gratuito

Diagnostic Assessment of Numeracy Skills (DANS)

www.senbooks.co.uk/product/diagnostic-assessment-of-numeracy-skills-dans

Edades: 5-11 años

Esta evaluación permite a los docentes especialistas en matemáticas determinar las áreas de fortaleza y debilidad numérica de sus alumnos, facilitando la intervención y la redacción de planes individuales de desarrollo matemático. Las actividades se basan en lo concreto, con muchos juegos, a través de los cuales los alumnos demuestran realmente lo que saben. La evaluación se aplica en dos lecciones separadas por una hora de diferencia, aunque pueden impartirse fácilmente en cuatro lecciones de 30 minutos. Como no se trata de un examen estándar, puede adaptarse a las necesidades de los alumnos.

Coste: 160,00 £ + IVA

Evaluación informal

Hay dos libros que recomiendo especialmente y que pueden ser muy útiles para trazar un perfil más detallado de las dificultades que puede tener un alumno con las matemáticas.

Dyscalculia Assessment, de Jane Emerson y Patricia Babtie

Este libro, de gran utilidad, ayudará a los profesionales a identificar los aspectos de la aritmética que al niño le cuesta adquirir. Los resultados de la evaluación pueden utilizarse para elaborar un plan pedagógico personalizado. Es ideal para niños de primaria, aunque se puede adaptar para niños mayores.

Está escrito de forma muy clara, con instrucciones paso a paso y hojas de evaluación fotocopiables con las cuales se pueden formular programas de intervención individuales. Contiene orientaciones sobre cómo llevar a cabo las evaluaciones, incluidos guiones sugeridos, consejos y estrategias didácticas, además de instrucciones sobre la interpretación de los resultados y una serie de juegos y actividades motivadores.

More Trouble with Maths, de Steve Chinn

Se trata de un libro muy práctico y fácil de usar que abarca la evaluación de una amplia gama de factores. El autor se basa en su amplia experiencia y conocimientos para:

- Mostrar cómo tener en cuenta todos los factores relacionados con las dificultades de aprendizaje de las matemáticas.
- Explicar cómo se pueden investigar estos factores.
- Explorar sus repercusiones en el aprendizaje.
- Discutir y proporcionar una serie de pruebas que van desde las destrezas que se consideran prerrequisitos, como la memoria de trabajo, hasta una crítica de las pruebas normativas de conocimientos y destrezas matemáticas.

La obra guía al lector en la interpretación de las pruebas, poniendo el énfasis en la necesidad de un enfoque clínico a la hora de evaluar a los individuos, y muestra cómo el diagnóstico y la evaluación se pueden convertir en parte de la enseñanza cotidiana. Asimismo, este recurso contiene pruebas pragmáticas que pueden aplicarse en el aula y explica cómo la identificación de las barreras constituye el primer paso para diseñar cualquier programa de intervención.

Incluye los siguientes puntos:

- Lista de verificación de la discalculia
- Ficha de observación
- Prueba de memoria a corto plazo y de memoria de trabajo
- Prueba de 60 segundos para sumas y restas
- Prueba de 120 segundos para multiplicaciones y divisiones
- Valoración de la ansiedad ante las matemáticas
- Prueba de 15 minutos de matemáticas
- Test de estilo cognitivo en matemáticas
- Problemas que incluyen texto

Evaluación diagnóstica completa

Una evaluación diagnóstica completa de la discalculia puede efectuarla un asesor especializado o un psicopedagogo. Habrá que administrar una serie de pruebas normalizadas para determinar si la dificultad subyacente es realmente discalculia o si existe una causa diferente. Se han de pasar pruebas para evaluar el coeficiente intelectual verbal y visual, la memoria de trabajo y la velocidad de procesamiento. Estas evaluaciones cuantitativas se tienen que intercalar con evaluaciones más cualitativas a fin de obtener una imagen completa del perfil del alumno. Por ejemplo, deben tenerse en cuenta factores como la ansiedad ante las matemáticas, el historial educativo, los antecedentes familiares y cómo han ido transcurriendo las diferentes etapas evolutivas.

Conviene tener en cuenta el coste de estas evaluaciones y el beneficio potencial para el niño. Un diagnóstico completo de discalculia puede ser un ejercicio largo y costoso. Muchos alumnos responderán bien a una intervención de alta calidad, específicamente adaptada a ellos, por parte de profesores debidamente cualificados. Así pues, siempre que se hayan reconocido los puntos fuertes y débiles del alumno, habría que planificar un programa de intervención exhaustivo que satisfaga sus necesidades específicas. Si disponer de más tiempo supone una ayuda, una evaluación diagnóstica sería útil para solicitar más tiempo en los exámenes oficiales, sobre todo si el niño tiene una velocidad de procesamiento baja.

Disposiciones para los exámenes

En el Reino Unido, los alumnos y jóvenes identificados como personas con necesidades educativas especiales o con trastornos del desarrollo del espectro autista tienen derecho a medidas de acceso y ajustes razonables durante los exámenes. Estas adaptaciones van desde tiempo adicional en los exámenes hasta la provisión de un escriba/lector o de asistencia informática.

El Consejo Conjunto de Calificaciones (Joint Council for Qualifications) publica cada año los detalles de estas adaptaciones, que pueden consultarse gratuitamente en Internet.

Páginas web útiles

- www.dyscalculiaassociation.uk
- www.stevechinn.co.uk
- www.judyhornigold.co.uk

Las tres páginas web anteriores ofrecen información y asesoramiento sobre la discalculia. La Asociación de Discalculia fue creada por esta autora y Steve Chinn en 2018.

- www.patoss-dyslexia.org
- www.bda-dyslexia.org.uk

Estas son dos de las organizaciones más importantes que ofrecen apoyo y asesoramiento a los alumnos con necesidades educativas especiales.

- www.mathematicalbrain.com

Se trata de la página web del profesor Brian Butterworth y contiene enlaces a sus investigaciones, artículos y publicaciones. Es ideal si ya se sabe lo que es la discalculia.

- www.dyscalculia.org.uk
- www.dyscalculia.me.uk
- www.aboutdyscalculia.org
- www.dyscalculia-Maths-difficulties.org.uk

Las cuatro páginas web anteriores proporcionan consejos generales e información acerca de la discalculia, incluidas listas de verificación, enlaces a otras páginas web y recomendaciones de libros.

- www.muliplicationrules.co.uk

Plantea una forma divertida y atractiva de aprender las tablas de multiplicar.

- www.ronitbird.co.uk/games

Excelente página web con juegos e ideas. Se dirige a maestros y profesores, pero también puede ser de utilidad para las familias.

- www.nrich.Maths.org

Esta página web contiene cientos de juegos y actividades sobre matemáticas dirigidos tanto a docentes de primaria como de secundaria.

- www.addacus.co.uk
- www.dynamomaths.co.uk

Libros recomendados

De la autora

Can I Tell You About Dyscalculia? (2020). Jessica Kingsley Publishers.
Un libro escrito desde la perspectiva de un niño de primaria con discalculia.

Making Maths Visual and Tactile (2016). SENbooks.
Repleto de ideas de juegos y actividades, dirigido a maestros de primaria, pero utilizado por muchos padres y madres de alumnos con discalculia.

Dyscalculia Pocketbook (2015). Teacher's Pocketbooks.
Una buena explicación de la discalculia para quienes deseen profundizar en su comprensión.

Dyscalculia Lesson Plans Books 1 and 2 (2014). Special Direct.
Estos dos libros están dirigidos a los docentes que planifican clases de intervención para alumnos con discalculia.

Understanding Maths Learning Difficulties (2018). Open University Press.
Pensado para los profesionales que desean obtener una cualificación en discalculia y dificultades matemáticas.

De otros autores

Los libros que siguen tratan las prácticas pedagógicas en pos de un entorno favorable para los alumnos con discalculia. El mensaje clave es que hay que asegurarse de que la enseñanza se apoya en manipulativos concretos adecuados, como materiales de base 10, varillas Cuisenaire, tarjetas con puntos, Numicon, etc.

The Trouble with Maths: A Practical Guide to Helping Learners with Numeracy Difficulties, de Steve Chinn (2004). Routledge Falmer.
More Trouble with Maths: A Complete Guide to Identifying and Diagnosing Mathematical Difficulties, de Steve Chinn (2012). Routledge.
Maths Learning Difficulties, Dyslexia and Dyscalculia, de Steve Chinn (2018). BDA.
Dyscalculia Guidance: Helping Pupils with Specific Learning Difficulties in Maths, de Brian Butterworth y Dorian Yeo (2004). NFER Nelson.
The Dyscalculia Assessment, de Jane Emerson y Patricia Babtie (2013). Bloomsbury.
The Dyscalculia Solution, de Jane Emerson y Patricia Babtie (2014). Bloomsbury.
Understanding Dyscalculia and Numeracy Difficulties, de Patricia Babtie y Jane Emerson (2015). Jessica Kingsley.
Dyscalculia Toolkit: Supporting Learning Difficulties in Maths, de Ronit Bird (2013). Sage.
The Dyscalculia Resource Book, de Ronit Bird (2011). Sage.
Teaching Maths Creatively, de Linda Pound y Trisha Lee (2021). Routledge.

Otros recursos

SEN Books (www.senbooks.co.uk)

- Making Maths Visual and Tactile Toolkit

Se trata de una caja de material que complementa el libro del mismo título.
- DANS Solutions One.
- DANS Solutions Two.

Estos dos recursos son cajas de herramientas con ideas y actividades para tratar las dificultades matemáticas y la discalculia, dirigidas a alumnos de los ciclos inicial y medio.

TTS

- Kit de lecciones panificadas para la discalculia
- Juegos de discalculia
- Tarjetas de resolución de problemas para la discalculia
- Fichas bicolores
- Marcos de diez
- Varillas Cuisenaire
- Materiales de base 10

FINDEL

- Escaleras de objetivos para la discalculia
- Addacus

Este es un gran recurso para enseñar el valor posicional.

Apps

Call Scotland dispone de un buen número de aplicaciones para iPad pensadas para alumnos con discalculia y dificultades con las matemáticas, que pueden consultarse aquí:

www.callscotland.org.uk/common-assets/cm-files/posters/ipad-apps-for-learners-with-dyscalculianumeracy-difficulties.pdf

Recursos informáticos

Recomiendo encarecidamente estas páginas web/juegos a los padres y madres de niños con discalculia, ya que son divertidos, atractivos y no intimidan en absoluto.

- Nessy numbers: www.nessy.com.uk
- Number Shark: www.wordshark.co.uk
- Maths Explained videos by Steve Chinn: www.stevechinn.co.uk
- Number Sense Games: www.number- sense.co.uk
- The Number Race: www.thenumberrace.com
- IDL Numeracy: www.idlsgroup.com/ numeracy
- Dynamo Maths: www.dynamomaths.co.uk
- Number Gym: www.numbergym.co.uk
- The Number Catcher: www.thenumbercatcher.co.uk

Estudios de caso

En los siguientes enlaces se detallan algunos estudios de caso de personas con discalculia:

- http://beatdyscalculia.com/tag/beat-dyscalculia-case-studies
- www.dynamomaths.co.uk/DynamoCaseStudies2.html?sub-menuheader=2
- https://dyscalculia.advancelearningzone.com/index.php?option=com_content&view=article&id=4&Itemid=4

Cursos de formación para profesionales

Los docentes interesados en ser especialistas en discalculia o evaluadores de discalculia pueden encontrar información sobre cursos de formación y acreditación profesional en:

- Asociación de Discalculia: www.dyscalculiaassociation.uk
- Cursos de discalculia de nivel 3 y 5 en línea, acreditados por OCN London
- BDA: www.Bdadyslexia.org.uk
- Curso de nivel 5 en línea, acreditado por OCN4learning
- Edge Hill University: www.edgehill.ac.uk
- Certificado de Posgrado en Educación especializado en discalculia (PGCE) y Diploma en Discalculia

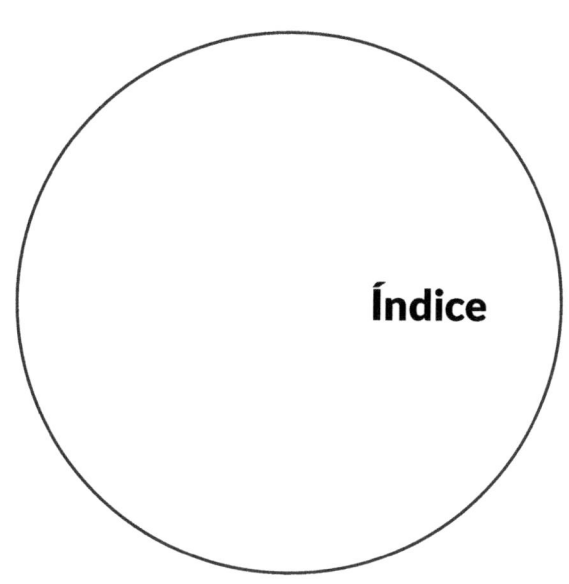

Índice